學會說話

TALK

說話的智慧從這本書開始，多說好話、好好說話、學會說話

唐牧心——著

原書名：這麼說話有飯吃

〈編輯序〉說話改變人生

開口說話，看似簡單，實則不容易。每個人的一生都不可避免的要與他人打交道，如何有效達到自己所預期的目的，關鍵在於是否擁有良好的溝通能力。

我們無時無刻不在與人進行溝通：生活上需要和親朋好友溝通，工作上需要和上級、同事溝通。溝通是如此重要，但是卻常聽到這樣的聲音出現：「對不起，您能點明具體意思嗎？」、「不好意思，我無法幫忙」……這些話我們都不會陌生，聽到這種回答後心中就會充斥失落感。為什麼會產生這種狀況呢？

如果你發現自己與他人交流不暢，或者想要完成的目標沒能達成，那就要想一想是否是因為自己沒有與他人進行良好的溝通，我們來看以下兩組例子。

A組：

老公：欸，你聽見了嗎？下班時別忘了給小孩買奶粉！

妻子：你知不知道我今天事情很多呀？換你去買了啦！

老公：事多就不管小孩了？媽媽是這樣當的嗎？

妻子：奇怪耶，你好手好腳的，就不能自己去買喔！

B組：

老公：寶貝，你今天下班順路的話，可以幫孩子買罐奶粉回來嗎？

妻子：嗯，我看看吧，有時間一定去買。

老公：我今天有好多事要做喔，你要是買回來，就省得我特地跑一趟了呢。

妻子：好啦，我知道了，放心，我一定買回來。

這兩組對話，同樣是老公要妻子幫忙買奶粉，為什麼會出現不一樣的結果呢？關鍵是B組老公的問話有禮，抓住了妻子的心，自然就得到了妻子的應允。

良好的進行溝通是一個雙向的過程，一切有賴於你能否準確抓住對方的心，並且用正確的話語和態度表達你所要闡明的事情。只有做到了這些，才會給對方留下一個良好的情緒，最後達成共識，獲得成功。

激勵大師卡內基說過：「與他人進行有效的交談，並且贏得他們的合作，這是那些嚮往成功的人們應該努力培養的一種能力。」想要贏得別人的合作，就要先打動別人的心。

本書就是要引導你去解決這道難題。溝通是每個人在社會生活中經常遇到的問題，只要注意傾聽，多說好話，好好說話，謹慎說話，相信你也是說話高手。

說話的智慧從這本書開始，多說好話、好好說話、學會說話。有意識地培養自己的溝通能力，就能建立一個輕鬆、和諧的溝通環境，邁向成功。

科學家曾經做過這樣一個實驗：找兩個人，每天對其中一個人不斷地鼓勵、讚揚，對他說好聽的話；每天對另外一個人粗暴地說話，批評他做的任何事情。實驗的結果是：那個每天聽好聽話的人，更容易接受他人的意見，而那個每天挨批評的人，也會同樣用粗暴地方式打斷他人，從而很難接受別人的意見。

這實驗不是要你要心機、拍馬屁，而是在我們說「好聽話」時，切記要保持一顆真誠的心，不要表面一套背地裡另一套，嘴上說得天花亂墜，而心裡卻恨對方恨得要死。提醒大家，準備打動別人之前一定要先說服自己，發自內心地讚揚對方、打動對方，才能更愉快地交往，自己也能從中獲得真誠的滿足。

〈作者序〉懂說話、會說話、說對話

以前的我很怕和陌生人交往，每到這個時候，四目相對、侷促無言的局面就會出現。為了能和陌生人更好地交流，我著實下了一番苦功。現在的我，可以在短時間內和陌生人成為朋友，也許你會認為我在吹牛，但是你繼續聽我講下去，就會發現其中的秘密。

一般來說，和一個素不相識的人說說家常話，能使對方產生親切感，比如說家庭、婚姻、朋友、自我感受等，這些都是極好的話題。只要你懂得和陌生人聊些家常，發現對方感興趣的話題，就有機會籠絡住對方的心，消除彼此的陌生感。

卡爾是一位家用小電器的推銷員，他的工作就是到家家戶戶推銷小電器，像是電動打蛋器、蒸蛋器、豆漿機、電子咖啡壺等等，他的工作並不好做，因為很多人對於上門推銷的人都有一種隔離感，對他們並不是十分信任。但是卡爾的生意一直都很不錯，因為他總是用很好的話題打開推銷的局面。

有一次他敲開了一戶大門，開門的是一位中年婦女，卡爾說自己是一位電器推銷員，那位婦女卻搖頭說：「我們家並不需要那些小東西，我不會買的。」

卡爾說：「您家的花園真漂亮，小姐。我走了很多路，您能讓我在這漂亮的花園裡坐一下休息，並給我一杯水喝嗎？」

中年婦女沒有拒絕，回家端來了熱茶給卡爾。卡爾邊喝茶邊道：「小姐，您的皮膚真好，平時一定非常注意保養吧？」

中年婦女笑說：「我哪裡還是什麼小姐呢？我都已經三十八歲了！」

卡爾驚訝道：「不可能，您看起來最多也就是二十七、八歲。那您一定非常注意保養，請您告訴我您怎麼把皮膚保養的這麼好呀！」

中年婦女笑著說：「我也沒什麼特別的保養，就是平時愛喝湯愛喝水。每天早上都會喝牛奶或豆漿。」

卡爾說：「怪不得您保養的這麼好，我知道豆漿中含有對女性非常有利的天然雌激素，非常有利於女性的健康。不過我知道有時候煮豆漿的時候不好掌握火候，有時候豆漿假沸了就當作煮熟了喝，這樣對身體很不好。」

中年婦女點頭說：「是呀，有時候豆漿煮過火了還會經常溢出來。唉，你們賣家電的也賣豆漿機是嗎？豆漿機做豆漿會不會更好些？」

話題被卡爾打開了，他順利地在這個家裡賣出一台豆漿機、一台小型蒸蛋器和一個電動打蛋器。卡爾用對方有興趣的話題打開了交流，又在接下來的談論中讓對方對自己的隔閡感徹底消失，在談話進行到一定階段的時候，對方竟然主動跟卡爾諮詢那些「應該非常好用」的小家電。

卡爾的例子告訴我們，儘管「和陌生人說話」被認為是社交中一大難關，但如果「會說話」，就可以迅速縮短雙方的距離。本書就是想傳達並教會你更多說話技巧，讓你不再害怕說話，更懂說話、會說話、說對話，從談話過程中獲得更多潛在的朋友。

當我們對說話的人不由自主地產生好感，當然也願意跟他多說一些什麼，而往往在這個時候，我們也就獲得一個新的朋友。只要你用心觀察，並熟練掌握書中的交談技巧，就能成功縮短你和其他人的距離。

還在等什麼呢？別再說自己不會說話了！一看就懂的說話之道都在這裡。

目錄

第三篇 那些被說死的話題

會說話的說圓了，不會說話的說死了。 97

第四篇　拐個彎說話

第五篇　一句頂一萬句情話

第六篇 都是「說」好的 229

事實勝於雄辯。其實，一切都可以說「好」。

第一篇

就要你開口

為什麼有人口吐蓮花、誇誇其談，而你每次面對陌生人卻難以啟齒、面紅耳赤，話在嘴邊說不出口？

1．記住一句話：全天下都是好人

情景設置

A與B是好友關係，下午茶閒聊中——

A：Linda 真是個好人！

B：為什麼這麼說？

A：她比我認識的所有朋友都好。

B：是哦……（尷尬中）

在我們對待別人的心態中，一定要記得這句話：**天下都是好人**。在我們和他人的溝通、交流之中，我們也要抱著這樣的態度來說話做事。堅信這一點，在和人溝通的時候，經常把這句話掛在嘴邊「您真是好人，您幫我大忙了」，那麼，有誰還會拒你於千里之外呢？

這些話雖然很簡單，卻能在人際關係中提供很多的幫助，迅速拉近和陌生一方的關係，也比較容易打動對方，讓他人願意提供力所能及的幫助。

以下是兩個說話方式對比鮮明的案例：

Case A

貝拉在一間公司做白領階級的工作，平時的工作並不辛苦，只是比較繁瑣。

有一次給顧客購買的車子做分期手續，貝拉把顧客的一份簽名合約填錯了，這讓她有些著急了，因為合約是不能修改的，顧客已經在上面簽了字，她無法在合約上修改填錯的資料，而唯一的辦法就是讓顧客再來公司一趟重新簽一份合約。

貝拉看了看顧客的地址，離公司較遠，而且時間也較為緊迫，一定要趕在把合約上交銀行之前重新簽字，貝拉知道這是自己的工作過失問題，要顧客多跑一趟肯定會不高興。她深深吸了口氣，告訴自己天下都是好人，顧客一定會原諒自己的，就給顧客打了電話。

貝拉說：「孫先生您好，我是公司的工作人員，您的分期手續我們正在辦理中，不過有件事需要跟您商量一下。」

顧客說：「還有什麼事？該簽的字不是都簽了嗎？手續費也繳過了！」

貝拉說：「孫先生，您上次來我們公司的時候對我們的工作非常支援，也很體諒我們這些工作人員，看得出您是一個有教養有紳士風度的人。我們現在有件事需要您的幫忙，希望您能幫我一下好嗎？」

顧客說：「哦，什麼事需要我幫忙？」

貝拉說：「孫先生，首先要跟您說句對不起，在您簽字的一份合約上我把資料填錯了。您知道的，合約無法修改，需要您再來我們公司一趟重新簽一份新合約。我知道您是好人，是一個大度的人，這是我工作的疏忽我真心向您道歉，請您一定要原諒我！」

顧客說：「怎麼會填錯了！我離你們公司那麼遠，去一趟光坐車就要一個多小時，怎麼搞的！」

貝拉說：「對不起，孫先生，請您原諒！因為填錯了您的合約，我被上司罵了一頓，還要扣我的薪水作為懲罰！只有您能救我，您是一個好人，您會幫我的是不是，拜託了！」

顧客停頓了一下說：「好吧，好吧，明天我找時間再去一趟，這次可別弄錯了！」

貝拉高興的說：「真的嗎？太感謝您了！您真是一個大好人！」

最後，這樣一件棘手的事情並沒有招來顧客的一頓痛罵，反而獲取了對方的原諒、穩定了對方的情緒，並且引起對方對自己的同情，打動了對方的心，所以順利地獲得了對方的幫助，讓貝拉順利度過了難關。

菲菲與貝拉面臨著同樣的困境，但處理的方式卻截然不同。

Case B

菲菲是一家家電大賣場的業務員，她負責銷售某著名品牌的洗衣機。此洗衣機品牌舉辦活動，讓顧客購買時可以以舊換新，得到千元的回饋金，正因為這個活動，這個品牌的銷售十分成功。

有一位顧客從她那裡買了一台洗衣機，第二天便拿著身分證件，來找她領以舊換新的回饋金。菲菲拿到顧客的身分證件卻傻了眼，沒想到這位顧客是外籍身分，公司規定外籍身分無法享受此項優惠。

菲菲跟顧客解釋了一下，這位顧客當場就急了：「有回饋金是你們說的，現在東西買了又說沒有錢拿，有這麼開玩笑的嗎？」

菲菲最怕客人吵嚷，不由說：「公司就是這樣規定的，你跟我急有什麼用呢？」

菲菲的話音剛落，顧客被她的話氣壞了，大聲說：「如果妳事先告訴我，我也不會去要！可是妳信誓旦旦的說有回饋金叫我來拿，還埋怨我？妳這是什麼工作態度？怎麼對待顧客的？你們的賣場做生意講不講誠信經營？把你們經理叫過來說！」

經理趕來，忙向顧客解釋：「先生，這件事的確是我們的工作人員疏忽導致的，她剛才的態度非常不好，您放心，我們一定對她進行嚴厲的處罰，保證以後不再發生類似的事情。我們商場是講究誠信的，我們承諾的事情肯定會兌現，絕對不會讓您吃虧的！」

顧客說：「本來嘛，千元是小事，你們那個業務員真是過分，買東西的時候畢恭畢敬多熱情，買完東西就冷著一張臉不認帳了！這種態度讓人對你們賣場的印象非常不好，你想我以後還會來你們賣場買東西嗎？」

經理陪笑說：「我們一定會嚴厲處罰這個員工的，按照公司規定，他被罰款幾千塊，加上另外賠償您的，我想他這月薪水也剩不了什麼了！」

顧客說：「這……也太嚴厲了吧？讓他拿出我的活動回饋金，還罰那麼重？」

經理說：「只有這樣才能讓他記住顧客永遠是上帝。您真是善良，還為這位犯錯的員工說好話，我一定把您的好意轉達給她，她一定會很後悔自己那麼惡劣的態度的！」

顧客被經理說的不好意思了，搖搖手道：「你們還是別罰她了，賺點錢不容易。我那點回饋金也不是什麼大事，其實她要是態度好一點，我也就不計較了。讓她賠償我還真是有點於心不忍。」

經理說：「先生，您真是大人有大量！您能這麼體諒她真是她的福氣，您真是一個大好人！我代表菲菲對您表示感謝！」

貝拉的事情說明，在很多情況下當我們遇到困難的時候，我們首先要想這個世界上還是好人多，首先把自己的心態調整好，用一種積極的態度面對問題，用誠懇的態度打動對方，才能利於我們順利度過困難。

雖然，菲菲的一場危機就這樣化解了，但是我想她的前途依舊堪憂，這是因為，她並不能掌握合理的談話技巧，不能夠站在顧客的角度去看問題，尤其是不解決問題只發洩情緒的話，必然會適得其反。

由貝拉和菲菲兩種說話方式的對比來看，在面對他人時，我們一定要首先樹立一個觀念——全天下都是好人，不要有明顯的好壞之分。很多時候如果你認為天下都是好人，認為對方一定會有善心是好人，並且適當地表達出對「好人」的讚頌，那很多情況下對方就會順著「好人」的竿子往上爬，之間的距離感就能得到很大的縮減。

☆向陌生人打開「話匣子」

與陌生人初接觸時，最大的障礙是不瞭解對方，有一種陌生感，應該如何打開「話匣子」呢？

1、主動化解尷尬。

可以先把自己介紹給對方，然後很自然地去詢問對方的職業及相關資訊。根據這些資訊，找到一些彼此共同的話題，比如，共同的愛好或興趣等，靠這些投機的話題來消除彼此的陌生感。

2、在第一時間掌握對方的資訊。

你可以通過觀察對方的表情、髮型、衣著、配飾等來大致瞭解對方的品味、身分、喜好等。如果你來到對方的辦公室或家裡，房間裡的擺設、陳列的字畫、家居等也會流露出主人的情趣、修養與愛好等。透過這些，你在第一時間就能掌握對方的一些情況，然後找到一個對方容易接受的話題切入，就很容易消除對方與你的距離，甚至會有一種一見如故的感覺。

2．「開不了口」的死穴

情景設置

A與B在Pub中——

A：我喜歡她七年了……

B：那你們生活一定很幸福吧？

A：我還沒敢告訴她……

B：是哦……（無語中）

你還在堅持自己的觀點——不要和陌生人說話？你還在認為路人們都有著冷冰冰的態度？你還在以為「沉默是金」的箴言作用？你還在認為不多話是沉穩歷練的表現？你還在認為……如果，你還在一味的害怕與別人說話，那麼，你不僅會與整個社會脫節，而且可能錯失你應該認識的、在乎的、愛的人，如果是這樣的結局，你還是堅持「打死也不能說」？讓那些「不能說的秘密」永遠藏在心底？

大概，很多人都十分羨慕那些能在陌生人前依舊談笑風生的人，尤其是那些性格靦腆內斂的人，啟齒說話對他們來說是個巨大的挑戰，動輒就會有臉紅脖子粗的表現，更別說在一場美女帥哥的集中派對上，不敢說話、不知如何說話成了他們人際交往的最大死穴，因為，在交際場上，一個沉默寡言的人往往得不到重視和喜歡，試想：誰喜歡和一個不說則冷冰冰，一說則語無倫次的人說話呢？人家還以為你在那裝什麼酷呢！

當然，在陌生人面前開口說話，並且還要抓住對方的興趣點是有些困難，但是，**不開口就表示完全沒有成功的機會**，也許，只要勇敢說出第一句話，你與對方的關係會火速升溫呢？誰能知道你們是剛剛才認識的朋友呢？也許你一開口，你的問題就能夠得到幫助，也許你勇敢的開口，你就不會與真愛擦身而過呢！

其實，開口說話並不像想像中的那麼難，我的朋友曉梅就對這點深有體會。

Case | A

曉梅是典型的東方少女，在我看來她的古典甚至有些古代的感覺，她長相斯文，性格內斂，說話溫柔，不喜歡嘈雜，平時沒事上上網、繡繡花，還畫了一手好畫，這要在古代，完全就是個養尊處優的富家小姐，十指不點陽春水，衣來伸手、飯來張口，整日處在深宅大院中吟詩作對、賞花觀月。

但是，可惜，她生在這樣一個現代化極高的社會，人際交往完全是生活的基礎，這對於她這個不擅交際的女孩來說是有點困難。讀大學時，買午餐基本上都是靠同學帶，逛街、活動都要有一到三名同學陪伴，除去上課之外基本上是不出門，上課時候也是膽顫心驚，不斷害怕從身邊經過的老師會把目光投向她，拎起來回答問題，弄得自己面紅耳赤，甚至是在校園中也怕遇見不熟識的同學，害怕和她們聊「家長裡短」。

這樣的日子隨著畢業典禮的結束而結束，從此，她必須自己一個人努力，面對著沒人一起陪伴的生活，她變得束手無策、異常擔心。

好在，她畢業不久，就收到了某公司的面試通知，曉梅滿心歡喜、精心打扮出門面試，在坐了半個小時的捷運後，她才發現自己忘記記下面試公司的詳細地址，如果再原路返回必然會耽誤時間，工作機會也就隨之丟失。

無奈之下，她只能向熟悉的朋友詢問路線，但是，沒有人給她回覆，時間一分一秒過去，她深受煎熬，把心一橫，只能詢問路人了。

她走在街上，迎面來了一位摩登女子，曉梅看看自己佈滿塵土的鞋子後，她不敢問；又過了一會兒，看到前面有一個清掃垃圾的工作人員，但是，在她猶豫之後，早已離開。看著時間慢慢過去，曉梅終於鼓起勇氣向路邊一個過路的上班族問路：

曉梅：先生，您知道××地方怎麼走嗎？我……我好像迷路了……

某先生：可以，您是要去××吧？那裡離我上班的地方不遠，我們一起走吧……

曉梅：這倒不用啦！（女生此時應該保持警惕之心）您告訴我，我自己可以去的，因為我還有一些事情要辦……

某先生：那好吧……

就這樣，曉梅完成了自己人生中第一次主動找陌生人說話的事情，雖然，問完之後發現自己早已雙頰泛紅，但是，居然這麼順利倒是出乎了曉梅的意料，她還一直以為陌生人都兇巴巴呢！

曉梅終於勇敢的開了口，自此之後，她開始變得開朗愛說話起來，連以前經常臉紅的樣子也改變了，後來跟她認識的朋友都不相信曉梅有過害怕和人說話的經歷，她的健談也讓每一個和她見面的人都讚不絕口。這樣的女孩，又有誰不喜歡呢？

對於曉梅有個這樣的改變真是令我們這幫朋友欣喜，不過，另一個朋友阿武卻讓人更加頭疼！

Case B

我們暗地裡一直稱阿武為「絕世情種之終極情種」，是因為他喜歡了一個女孩七年，依舊沒能敢說出表白的字眼，只是看著人家畢業、工作、談戀愛、分手……這樣的守護雖然讓人感動，卻也讓人無奈不已。

我們這幫「狐朋狗友」經常對他碎碎唸，不過也經常為他創造機會，但是，當他心目中的「女神」落座之後，他的行為卻常常不按著我們的「劇本」走。

阿武：貝兒，妳來了？……

貝兒：嗯，你也在啊。

阿武：貝兒，妳最近還好吧？……

貝兒：還可以。

阿武：男朋友還好嗎……

貝兒：分手了。

阿武：放心，妳還能找到更好的。我們慶祝一下吧！

（人家分手，你表現得也太明顯了吧？）

貝兒：沒有什麼值得慶賀的吧！

這樣一來二去，女神再也不參加我們精心準備的聚會了，她私下跟我說，阿武是不是有病啊？我分手他慶賀什麼啊？……我只笑而不答，心中一心罵著阿武的笨！就這樣，阿武最終錯過了自己的女神，看著人家走著紅地毯進了教堂，他還信誓旦旦的說：我會守護她一輩子！我暗想，用你現在的勇氣去表白，也許與貝兒走進教堂的人就是你了。不過，阿武終究是個極端的案例，羞於說話、不會說話而把自己的幸福賠上也太不值得了吧！

其實，面對對方不敢開口或者是羞於開口的人，勇敢開口說話有很多妙招的。

第一招：勇氣。現實中並不像你內心想的那樣冷酷無情，就像曉梅問路一樣，只要開了口，那麼一切問題都會迎刃而解，只要瞭解到「開口」的好處，就不怕你不敢說話了！

第二招：觀察。善於觀察對方是進行人際交往的第一步，仔細觀察他們特別的地方或者是感興趣的點，比如，你可以和一個戴著異域風情首飾的人，用談首飾的方式打開話匣子，或者你可以與一個著裝時尚的人聊聊時裝周、限量款。抓住他們喜歡的話題，才能不斷拉近你與對方的距離，這次談話也肯定是愉快、輕鬆的，這樣在下一次見面時，談話也就能遊刃有餘了。

第三招：講故事。當遇見自己喜歡的人時，很多人往往是不知如何打開話題，反覆斟酌還是覺得說不好，此時，你就可以大顯你的講故事功力，如果像貝兒一樣失戀的女孩，你就先講一個男生「始亂終棄」最後不得善終的故事，再講一個好女孩遇上真愛的故事，相信我，講故事完全會讓你喜歡的對方從傷感中解脫出來，即使，僅是陌生人，也會覺得你很有心。

第四招：先當個傾聽者。如果你實在是不會主動去與對方溝通，那麼做一個好的傾聽者也不錯，在適當的時候提出自己的疑問，順利打開話匣子也就不是問題了。

不要再讓「開不了口」成為你人際交往的死穴，趕快來打通你的「開口穴」吧！

☆開口說話的四種境界：

開口說話，看似簡單，實則不容易。一個人只要一張嘴說話，往往就能聽這出個人的處事能力與做人的境界。

第一種境界：開口就傷人。

這種人說話直來直去、嘴上毫無遮攔，想說什麼就說什麼，既不分場合地點，也不分男女老幼，更不考慮自己的話是否讓對方接受，嘴上雖然痛快，卻在有意無意中傷了許多人的感情。

第二種境界：開口就煩人。

這種人心直口快，沒有城府，從不拐彎抹角，雖然率直，交往起來很輕鬆，但總是無意中傷害別人。你怪他吧，他是無意；你不怪他吧，他又屢次讓你惱火。

第三種境界：開口就服人。

說話技巧再高，也高不過「理」字。言論一定要合理，要讓別人能接納領受，要有信用，要令人無懈可擊。

第四種境界：開口就樂人。

從深層的心靈的角度與你交流，是一種情感的溝通，這時的語言可能是最普通、最不起眼的，卻也是最樸實、最能打動人的，正所謂真水無香，真愛無痕。

3．「冷冰冰」也要聽別人說

情景設置

A在公園相親等待中——

A：妳來了！

B：嗯……

A：妳是不是覺得我這個人長得比較老？

B：我……

A：其實，我這是成熟……

A：妳是不是覺得我的工作不穩定……

B：我……

A：放心，為了妳我一定會找個十分穩定的……我有這個實力……

B：我……

A：……妳不要要求這麼苛刻嘛……

B：先生，我只是來問一下你現在幾點……

我們在和別人交流的時候總是會先入為主，想要時時自己佔有這次談話的上風，無形中就會給人孤傲的感覺，不知不覺對方就會遠離你，這種情形就犯了說話的大忌——孤傲。

雖然人不可有傲氣，但不可無傲骨。孤僻高傲的人，對他人的情感、意見等非常冷漠，這種態度會讓別人無法親近你，是一種非常危險的心態。這種心態將會使你處於一種孤立的環境之中，當你需要別人協助的時候，你就會感覺到它給你帶來的不便和困難。

Case A

吉姆是一個性格很孤傲的人，在公司少言寡語，從來不熱衷大家舉辦的活動，經常讓人感覺挺難相處，挺掃興的。

週末放假前，部門裡幾個愛玩的人打算舉辦一次郊遊活動。

欣怡好心地跟吉姆說：「吉姆，週末大家一起去海邊燒烤吧。」

「我不去，你們自己去吧！」吉姆的回答總是那麼冷默的，讓人聽著非常不舒服。

「反正你也是一個人在家玩嘛，每天窩在家裡玩電腦不如趁著春光大好出去走走。」

欣怡勸說。

吉姆盯著電腦螢幕，連頭都沒回就直接搖頭：「不去了！」

吉姆說話的態度如此孤傲冷酷，讓熱心的欣怡感覺一盆冷水從頭頂潑下來。從那以後部門裡有什麼活動，大都沒有人通知吉姆，因為吉姆說話孤傲冷漠，大家也都疏離他。部門有什麼好事，或者有什麼不錯的差事，也幾乎不會想到他。

不同的說話態度會造成不同的局面，孤傲的說話態度和方式會引起別人的反感，會把原本想離你近一些的朋友趕走，讓他們離你遠遠的，而在你真正需要他們的時候，他們卻不願意幫助一個曾經用孤傲的語言傷害過他們的人。所以，我們一定要牢記，說話不要與孤傲做朋友，這個冰冷的朋友會讓你的語言蒼白無力，會破壞你的好形象的！

Case B

美玲其實很渴望跟同事朋友玩在一起，融入他們，但是由於性格所限，她總覺得力不從心。她為人不幽默，沒辦法調動氣氛。她也沒有多才多藝，大家去唱歌時她表現平平，去打球她不會。她不太會說話，常常說錯話，因此除了回答別人的問題外，都不會主動開口。這樣的女孩子自然得不到人們的歡心，同事高談闊論的時候往往忽略她，朋友聚會她也經常一個人在角落裡看大家玩。久而久之，人們都以為美玲性子孤僻，不好相處，也不怎麼來跟她交流。

有一次，午休時部門裡熱門地討論著最近掀起一陣轟動的畫展。這也是美玲特別感興趣的，於是她也忍不住加入其中。起先大家都覺得很奇怪，氣氛一時尷尬起來。不過粗神經的美玲自顧自地說得高興，完全沒注意到，直到她侃侃說完，不好意思地對著同事們笑。大家這才明白，美玲根本不是孤僻，遇到感興趣的話題，她也是可以很活潑的。

在人和人的語言交流中，僵硬的語言，冷淡的態度，都會讓人對你敬而遠之。所以和別人在一起時，**即便不說話，也要記得微笑**。即便要拒絕，也要記得語調溫和。否則，當別人認定你已跟孤僻成為朋友的時候，他們都會遠離你。

給別人說話的機會就等於是和對方的心更加貼近，瞭解的前提則是尊重，還要想方設法給別人說話的機會。

☆不說話，也要記得微笑。

有位智者曾說過這樣一句話：「你的臉是為了呈現上帝賜給人類最貴重的禮物——

微笑。一定要讓它成為你交際中最大的資產。」

迷人的微笑不是天生的，也可以通過後天練習來獲得。但是，務必記住，微笑的時候一定要是發自內心的、真誠的，因為矯揉造作的笑不但不能帶來美好，反而會破壞你原本的形象。

「你擁有了微笑，你就同樣擁有了成功。」這句話一點也不假，微笑是你最好的名片，是前進時披荊斬棘的有力武器，也是你提升自身品牌價值、最終走向成功的法寶。

4．你很重要！

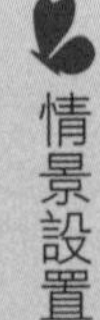
情景設置

A、B、C三人在餐廳等D來赴約——

A：D說他不來了，真是的，該來的不來……

B：那我先走了……

A：我不是說你……

C：那還是我走吧……

有個小孩子脾氣很不好，經常因為一些小事跟爸爸媽媽發脾氣，當然他這樣做並不是故意的，而是這個小孩子在家裡排行老大，家裡一共有四個兄弟姐妹，弟弟妹妹們都還小，父母似乎把更多的關愛都給了他們幾個，而作為老大的這個孩子便感覺到自己是多餘的，是不被人重視的。

有一次媽媽買來了幾個玩具，媽媽先讓弟弟妹妹挑選自己喜歡的玩具，剩下的一個才給這個小孩子。他覺得非常委屈，覺得爸爸媽媽不再愛自己了，於是離家出走了。

小孩子的爸爸媽媽非常著急，他們請了很多親戚朋友幫助尋找，小孩子的媽媽也因為太擔心甚至生病了，她臉色蒼白地樣子讓大家都很擔心，很多人勸她回去休息，可是她根本不聽，依舊拖著生病的身體找自己的孩子。

當她找到孩子的時候，抱著他哇哇大哭，小孩子看到媽媽這個樣子，忽然覺得自己原來在他們心中是很重要的，此時，他開始為自己一時的魯莽行為後悔不及，以後無論怎樣都不再跟父母發脾氣了，因為他知道父母並不是不要自己，自己對他們是很重要的。

這件事告訴我們，別在無意中讓你身邊的人感覺到自己不受你的重視，這樣你會失去他們的心。要讓別人覺得自己很重要，那他們對你才是真正的重要。因此，在日常的談話中我們一定要將這個觀念帶進去，時時告訴我們在乎的人：你很重要。

當年劉備三顧茅廬請諸葛亮出山的時候，大概沒想到此舉會對後世有著舉足輕重的影響。

漢末，天下大亂，曹操坐據朝廷，孫權擁兵東吳。劉備只感覺自己缺乏人才，聽說諸葛亮才能學識天下無雙，立刻帶著關羽、張飛兩兄弟到隆中請諸葛亮出山。

第一次去的時候諸葛亮並不在家，劉備只好留下禮物失望而回。不久劉備三兄弟又去請諸葛亮出山，那天下著大雪，三人不畏風雪前去臥龍崗，誰知道諸葛亮又不在家中。莽漢張飛可不樂意了，連著來兩次諸葛亮都不在家，這傢伙真沒意思。要知道每次去請諸葛亮都是三兄弟帶著禮物虔誠而來，卻讓他們吃了兩次閉門羹。

張飛待不住了，催著回去。劉備只好留書給諸葛亮，說明自己想要請他出山的意思，表示只有他才能助自己成就大業。後來不久，劉備又要去請諸葛亮。這下關羽也不幹了，心想：「諸葛亮誰啊，怎麼就有這麼大的架子，讓我大哥鐵了心都要去請回來？」張飛也說：「乾脆誰也別去，就他自己去，再不來，打量了用繩子一捆看他來不來！」說著就要出門上臥龍崗，劉備忙喝止三弟，再次準備好禮物踏上路途。

這次諸葛亮是在家了，不過是在家逍遙地睡大覺。劉備好歹也是漢宗室劉豫州，不敢驚動諸葛亮，居然帶著大家老老實實地站在門外，等到諸葛亮自然醒。

雖然，這全篇沒有劉備和諸葛亮的對話，但是，暗中卻是表現出劉備的誠意以及諸葛亮的重要，後面事實得到佐證，正是因為如此費勁周折地請這位大才子出山，劉備才得以在後來立穩腳跟，三分天下成就一番霸業。而諸葛亮自從被請出山，一直鞠躬盡瘁死而後已，那忠心絕對無與倫比。在後來著名的《出師表》中，他寫道「先帝不以臣卑鄙，猥自枉屈，三顧臣於茅廬之中。」其言中帶著深深的感動，和為對自己有知遇之恩的劉備死而後已的決心。

「讓人覺得自己很重要」，就是要用一種非常誠懇的態度，非常堅定的信念，和非常動聽的話語來打動一個人。這樣就是給足了對方面子，讓對方深刻地感受到自己的價值所在，讓對方明白自己對別人是非常有用的，因此會產生一種自豪感，當然也會認為你是他的知己，對你當然也由衷地喜歡了。

「**讓人覺得自己很重要**」**是人與人之間處理好關係的一個重要手段**，如果你對別人表達如下思想：你對我來說真的是不可或缺。事情只有你能做，別人不行。

別人一定會這樣想：我對他真的很重要。我的能力原來真的很強。我的位置被他放在了最高位。

這樣一來，你給足了別人尊重和面子，別人自然會還你一個強有力的「幫助」。當然要做到這一點並非一時之功，當我們需要別人的時候才說盡好話、讓別人覺得自己重要，這等於臨時抱佛腳。我們要在平時就開始認真地對待身邊的朋友、同事，讓他們自然而然地有種被尊重被重視的感覺。

Case B

曲文瑞在公司人緣很好，這跟他平時對人尊重的態度分不開。有一件小事讓曲文瑞印象深刻，過年的時候，他們家的褓母回家探親，家裡只剩下一個在襁褓中嗷嗷待哺的孩子和一個在輪椅上的老人，他的妻子在外地工作不能經常回家，他的工作又很忙，無法照顧家裡。保姆一說要回家他和妻子都非常為難，過年的時候經常出現褓母荒，不但難找，薪資還抬高了不少。

這時曲文瑞公司一位女清潔工幫了忙。清潔工大姐老家在鄉下，來到城市裡已經很多年，為人很熱心。她瞭解曲文瑞家為難的情況之後，把自己在鄉下的大嫂叫了過來，讓她去曲文瑞家幫忙做臨時保姆，薪資也沒有提高。曲文瑞感激地不斷地道謝，心裡也有些好奇，他平時跟這位清潔工大姐接觸並不是很多，她怎麼會如此幫忙？

後來那位大姐的嫂子和曲文瑞家老太太聊天，曲文瑞才知道緣由。有一次那位大姐的孩子的學校舉辦一次全國性的作文比賽，老師動員班裡的孩子都參加。可惜大姐的孩子作文程度並不好，他雖然很想參加卻怎麼也寫不出讓自己滿意的東西來。大姐兩口子都是目不識丁的人，在功課上根本無法幫孩子，因此大姐那段時間急得上火嗓子都啞了。

後來大姐去曲文瑞辦公室裡打掃環境，曲文瑞看大姐嗓子啞了便關心地問候了幾句，聽大姐說孩子作文的事，曲文瑞一看自己就是擅長這方面的，便抽空給大姐的孩子找了很多寫作文的資料，又想了一些新穎的作文思路送給大姐。大姐的孩子根據曲文瑞的資料寫了一篇作文，竟然獲得了全國大賽的二等獎，鮮紅的獲獎證書讓大姐全家高興了很長時間，而且那個孩子從此還愛上了看書愛上了寫作。這對曲文瑞來說不過是舉手之勞，而那位大姐卻深深地感到曲文瑞對自己一個清潔工如此尊重如此關心，非常感動，所以總想著能做些什麼來報答他。

所以說，讓別人感覺自己很重要，別人也會對我們很重要。我們不但要在請求別人幫忙的時候誠懇而虔誠，更要在平時對身邊的人流露出這種態度，讓身邊的人經常有被重視的感覺，我們才能交更多值得的朋友，我們生活、工作的道路才能更加寬闊。

以後，不要再吝嗇對自己說「你很重要」！

☆讓對方覺得自己很重要，就別吝惜你的讚美之詞。

一位美國的哲學家曾經說過：「人類天性中都有做重要人物的欲望。」而讚美在一定程度上能夠滿足人們的這一需求。在人際交往中，讚美的話如何說才能收到令人滿意的效果呢？

1、讚美要真誠。

如果誇獎一位不到四十歲的女士「顯得真年輕」，還說得過去；要用來恭維一位氣色不佳的七十歲的老奶奶，就過於做作了。離開真誠二字，讚美就會適得其反。

2、讚美要因人而異。

不同的人希望得到的讚美是不一樣的：女人喜歡別人讚美自己漂亮有氣質；男人喜

歡別人讚美自己風度瀟灑；老人希望別人讚美自己身體硬朗，小孩希望別人讚美自己聰明聽話；商人希望別人讚美自己事業有成，家庭婦女希望別人讚美自己勤勞賢慧等等。總之，不同的年齡，不同的職業的人希望獲得的讚美是不同的。

3、讚美的對象要具體。

讚美不能漫無邊際，這樣很容易讓人摸不著頭腦。

如果別人劈頭對你說：「你真講義氣！」你便會感到莫名其妙：「我到底哪裡講義氣了？」如果對方看到你的髮型再稱讚你：「嘿，你這個髮型很適合你這身衣服！」你就會覺得很自然、很舒服。

4、讚美對方得意的事情。

有針對地讚美對方最得意的事情，能起到最大的效果。

比如，在和一位商人交際時，瞭解到對方最得意的事情，就是拿下了奧運會部分專案，這個時候就可以讚美對方：「您真是了不起，有幾家公司能夠幸運地拿到奧運項目呢？您卻做到了，實在了不起！」

5、讚美要適度。

讚美之詞不能過分誇大，要本著適度的原則。比如對一位身體有殘疾的朋友，就不能稱讚對方身體如此強壯靈活，這樣就適得其反，變成了對對方的挖苦和諷刺了。

針對這種情況可以適當地稱讚對方身體看起來很健康，並無大礙。

語言是一門藝術，讚美的語言更是一門藝術，將讚美的話運用到交際之中，會使你變成真正的交際高手。

5．忙著否定？NO！

情景設置

A（職員）、B（老闆）——

A：老闆，你怎麼生出這麼可愛的女兒的？

B：……謝謝！

A：我敢肯定長得像她媽媽！

B：……明天你不用來上班了……

現實有很多人，總是會在別人說話的時候提出反對意見，總是沒等別人說完話就硬生生的塞一句：NO。這樣的人，往往沒有好的人際關係，僅剩的也就是倔強的自尊。

其實，現實生活是想要說服別人，只說出事實不見得就能夠成功，如果你善於說恭維話，那就是很容易的事情了。恭維的話人人都會說，可是也有很多人不屑說，有人告訴我：我想要說服別人的時候，當然也會說恭維話，可是人家照樣不領情。無論我說什麼樣的恭維話都無濟於事，這是怎麼回事呢？

恭維話人人都會說，可不見得人人都說得好。如何說恭維話，如何把恭維話說進人的心坎上，是能否說服人的關鍵。有些時候恭維的話說出來好像在故意拍別人馬屁似的，很多人以為自己在恭維別人，其實人家聽著並不舒服。所以說，掌握好一門說恭維話的本事，對我們的工作是非常有好處的。

據說達爾文曾經被邀請赴宴，宴會開始以後，他發現自己的座位正好挨著一位年輕漂亮的女士。那位女士一看身邊的人竟然是大名鼎鼎的達爾文，不自覺帶著戲謔的口氣調侃道：「達爾文先生，您是位大科學家，聽說你曾斷言人類是猴子變的，那麼我也是在你的論斷之中嗎？」

達爾文並沒有為這位女士不善的口氣生氣，而是彬彬有禮地說：「這個當然，不過您不是由普通的猴子進化而來的，您是由長相非常漂亮的猴子進化而來的。」

有個笑話也說過，某人特別會說恭維話，他的名頭非常大，甚至連閻王爺都知道他是一個很會說恭維話的人，後來這個人去世了，見到了閻王爺，閻王爺不屑地看著他道：「你為什麼總是對別人說恭維話？你知道你這樣的人非常討厭嗎？我最恨你這樣的人！」

那個會說恭維話的人馬上磕頭，回答說：「因為世間的人都喜歡聽恭維話，所以我才不得不說恭維話，才好辦事。但是我知道，閻王爺您老人家一向公正嚴明，明察秋毫，誰又敢在您面前說什麼恭維話呢？」

閻王爺聽罷笑了，連連說：「是呀是呀，諒你也不敢！」

人人都愛聽恭維話，一句恰當的恭維話，能讓一個跟你並不太熟，甚至對你有些偏見的人都能喜笑顏開，對你另眼相待。恭維話如同一塊敲門磚，能夠顯示它巨大的力量。有時候我們求人辦事非常難，一旦對方不接受自己的請求或者不同意自己的說法，那場面勢必非常難看，氣氛也會變得很尷尬。而我們用幾句恭維話來做開場白，那結果很可能就不一樣了。

Case A

卡爾是一位家用小電器的推銷員，他的工作就是到每戶人家家中向對方推銷小電器，他手中的小電器有電動打蛋器、蒸蛋器、豆漿機、電子咖啡壺等等，他的工作並不是很好做，因為很多人對於上門推銷的人都有一種隔離感，對他們並不是十分信任。但是卡爾的生意一直都很不錯，因為他總是用恭維話打開推銷的局面。

有一次他敲開了一戶人家的大門，開門的是一個中年婦女，卡爾第一句話就是說：「小姐，請問您是這家的主人嗎？」那位將近四十的中年婦女聽到別人叫自己小姐，頓時心裡很舒服，說：「我是，你有什麼事嗎？」

卡爾說自己是一位電器推銷員，那位婦女卻搖了搖頭說：「我們家並不需要那些小東西，我不會買的。」

卡爾說：「您家的花園真漂亮，小姐，我走了很多路，您能讓我在您的花園裡坐一下休息一會兒，給我一杯水喝嗎？」

中年婦女沒有拒絕，轉身去廚房端來了熱茶給卡爾。卡爾邊喝茶邊道：「小姐，您的皮膚真好，平時一定非常注意營養吧？」

中年婦女笑說：「我哪裡還是什麼小姐呢，我都已經三十八歲了！」

卡爾驚訝道：「不可能，您看起來最多也就是二十七八歲。那您一定非常注重保養，請您告訴我您怎麼把皮膚保養的這麼好呀！」

中年婦女笑著說：「我也沒什麼特別的保養，就是平時愛喝湯愛喝水。每天早上都會喝牛奶或豆漿。」

卡爾說：「怪不得您保養的這麼好，我知道豆漿中含有對女性非常有利的天然雌激素，非常有利於女性的健康。不過我知道有時候人們煮豆漿的時候不好掌握火候，有時候豆漿假沸了便當作煮熟了喝，這樣對身體還是很不好的。」

中年婦女點頭說：「是呀，有時候豆漿煮過火了還會經常溢出來。唉，你們賣家電的也賣豆漿機是嗎？豆漿機做豆漿會不會更好些？」

話題很容易就被卡爾打開了，他順利地在這個中年婦女的家裡賣出了一台豆漿機，一台小型蒸蛋器和一個電動打蛋器。卡爾用女性比較喜歡的一種恭維話輕易打開了談話的局面，又在接下來的談論中始終隱約地強調對對方的恭維，讓對方對自己的隔閡感徹底消失，在談話進行到一定階段的時候，對方竟然主動跟卡爾諮詢那些「應該非常有用」的小電器。

卡爾的例子告訴我們，適當的說一些恭維話，並不是說我們在刻意溜鬚拍馬，而是這些恭維話能夠幫助我們順利打開局面，更好地把談話進行下去。想想看，當別人用一種愉悅、羨慕、驚訝、嫉妒等表情對我們說著一些恭維話的時候，我們第一反應就是開心，然後會對說話的人不由自主地產生好感，當然也願意跟他多說一些什麼，而往往在這個時候，我們就已經給了對方掌握談話主動權的機會。

想要說服別人的時候，我們會遇到很多困難，也許對方從心裡根本不同意我們的意見。這時候千萬別著急，別忙著否定什麼，多說一些恭維話看看的對方的反應。一般來說聽到別人說自己好，人們總會在心情上有所放鬆，然後我們把恭維話說下去，好言好語「軟軟」地勸別人，自然比開門見山橫衝直撞地說話效果要好的多。

有人會說，恭維人就是拍馬屁，無論你怎麼解釋，你說恭維話擺明瞭都是求人辦事才說的，所以這種行為是讓人不屑的。尤其是當你對別人說恭維話的時候，如果別人依然不聽你的，那多丟臉啊！事實上，這就要求我們使用恭維話有一個合適的範圍，有一個正確的態度，也要有一種平和的心情。恭維話用得恰當，用得得體，有時候比長槍短炮都更具有威力。

有時候我們在工作中會遇到這樣的情況，上司老闆或者一些同事似乎總是對我們有意見，無論我們說什麼做什麼都好像做錯了似的，總是受到批評。很多人就把這種情況歸結為「沒有緣分」、「不對眼」，反正關係也不好，將就著過吧。但是如果我們想要多緩和一下和他們的關係，不妨在合適的場合尋找一個合適的話題，順著這個話題跟對方多說一些恭維話，比如誇獎他們的技術一流、經驗豐富，或者讚頌他們愛民如子、為民請命，剛開始的時候人家也許臉色依舊不是太好，但你一定要堅持，找機會就多說一些恭維話，我們總有機會可以打破障礙，說服別人，緩和氣氛的。

所以我們說話辦事時，不妨多用一些說話的技巧，多多恭維別人的優點，讓聽的人心裡頭像吃了蜜一樣甜，那我們自然會被別人更多地接受，我們就有機會跟對方交流更多。平時我們可以盡量培養一下自己說話的習慣，有意無意地恭維別人，時間長了你會發現，原來很多看起來很難辦的事情，竟然能夠輕鬆拿下，而有時候這只不過是我們說話的力量使然罷了！

☆職場「馬屁經」。

現代職場需要拍馬屁，它是人際交往中一種良好的交流方式。任何人都不會厭煩別人對自己的誇讚過多。職場中的拍馬屁，如果換一個角度去看，其實與哄女人開心的道理相似：女人穿了雙新鞋子，總希望別人說穿在她腳上漂亮；同樣道理，上司提出的意見和計畫，當然也期望得到下屬的一片讚歎聲。

一位管理學教授認為：「拍老闆馬屁屬於一種『心理按摩』，是可以拿到臺面上談的話題，是一種比較健康的企業文化，是一種心理激勵的手段，在當今市場經濟中應該提倡。」很多企業老闆也承認，拍馬屁在一個企業的激勵機制中的角色相當重要。老闆雖然有責任去創造利潤以激發員工的鬥志，但來自員工的恭維更能讓他們得到一種心理滿足感，讓他們更有信心壯大企業。

拍馬屁固然可以增進員工和上司之間的感情，但也需要技巧，最重要的是真誠，讓上司在不知不覺中如沐春風。如果心不誠，就會不小心拍到馬蹄上，在上司那裡坐冷板凳。

拍上司的馬屁除了要以真誠為前提外，還要學會別出心裁地恭維。如果千篇一律地對上司說：「您的決策真英明！」「您太厲害了！」就會讓上司感到心煩，同樣會拍到馬腿上。要用一些特別的方式表達自己對上司的敬佩之情，才能有好的奉承效果。

6．練習說「好啊」

情景設置

A、B聊天——

A：婚姻生活怎麼樣？

B：不好！

A：妳老公對妳怎麼樣？

B：不好！

A：那妳離開他吧？

B：不好！

A：……

也許你根本不喜歡說「好啊」，因為一旦說出這兩個字，就意味著你會承擔什麼責任，或者會對別人的什麼意見表示贊同。也許原本你該下班了，而同事因為有急事想要讓你幫忙去列印一些資料，你又想要趕回家吃熱呼呼的飯菜，面對同事的請求，你該怎麼辦呢？

那時候你或許會想：別煩我，我可不想因為幫你而耽誤我的時間。你不想被他人拖累，不想做不屬於自己的事情，於是你眉頭一皺，臉色變得很不自然，然後你用各種理由來推辭請你幫忙的同事，轉身走人。

擺脫了同事的糾纏，你心裡會得意洋洋地想：想讓我答應你的請求，門兒都沒有。你要做的工作你自己去做，我能把自己的工作做好就不錯了。以後這麼麻煩的事情千萬不要來找我，我要是答應了你的要求，還得陪你加班多做好幾個鐘頭，你又不會發薪水給我！要我答應你，去分擔你的責任，我才不會那麼傻呢！

所以很多人不喜歡說「好啊」，遇到同事請求援助，總是會找各種各樣的理由來推脫「不行，我要趕去接小孩。」「不好意思，我老婆打電話催我呢！」「我也趕時間呢，晚上我有約會！」「真是太不湊巧了，今天我得趕緊回家修理電器。」這些推脫的話顯然都有足夠的理由，而對你的同事來說，它們遠遠不如「好啊」這兩個字來得有用。

可是反過來想一想，如果遇到困難的是你，你必須找別人幫助才能完成工作該怎麼辦？你去拜託你的同事，他卻對你的話絲毫不動心，冷冰冰地找藉口拒絕你，然後自己回去，你心裡是不是會很不是滋味？你會不會覺得拒絕你的同事很討厭，很無情？你會不會決定以後都不再搭理他？

易地而處，在別人請求你幫忙的時候說一句「不行」，你將來也會得到一句「不行」；在別人請求你幫忙的時候說一句「好啊」，你將來也會收穫「好啊」！

當然我並不是教你什麼事情都答應給別人幫忙，甚至委曲求全或者甘願被人驅使。而是很多事情我們稍稍用些時間和心思是可以做到的，給別人幫一點小小的忙可能會浪費我們的一點時間，但是善意的幫忙卻會換來把同事變成朋友，拉近人與人之間的距離，也為將來別人幫助自己留下機會。

Case A

小梅在辦公室裡不過是一個小角色，每天早上到公司都要負責打掃環鏡、收發郵件、給上司沖杯咖啡、甚至是幫別人出去買東西這些瑣碎的事情。

在辦公室裡，同事們最常用到的一句話就是：「小梅，麻煩妳幫我沖三杯咖啡給客戶！」「小梅，我有個郵件到收發室了，麻煩妳幫我取回來好嗎？」「小梅，今天的會議記錄要列印出來交給經理，麻煩妳幫我一下。」「小梅，老闆要我們送資料過去，我現在走不開，還是妳去吧！」

無論是什麼樣的請求，小梅都會笑答「好啊」，然後快速趕過去幫忙。無論是不是她的職責範圍，只要別人求到她，她總會欣然應允下來。

而小梅請假的那幾天，整個辦公室就好像亂了套一樣。人們習慣性地把一些不願意去做的雜物想要交給小梅去做，不經意地就開口叫她幫忙結果找不到人，後來大家都弄得手腳忙亂，開始無比想念小梅了。而在平時，她在辦公室裡只不過是一個微小的像螺絲一樣的小人物，現在大家才覺得缺了這根螺絲是不行的。

因為小梅的「好啊」，使得她在辦公室裡贏得了良好的口碑。這也給她帶來了不小的收穫，長久以來，連經理都習慣性地去叫小梅幫忙，當公司有機會提拔新人的時候，雖然小梅並不是新人，也被大家共同推薦成為了經理秘書，之前她已經整整做了一年辦公室內勤。

一句「好啊」出口，代表的則是你熱情的態度，代表了你對某件事的高度贊同，你或許因此付出更多的時間和精力，卻也能得惠於這個簡單的詞語「好啊」！

有些人說，我以前不習慣這麼說，所以別人感覺我總是像把人拒於千里之外似的，如果我想要重新調整自己在他人心中的形象，我該怎麼辦呢？

很容易，那就是從現在開始說「好啊！」。在別人請求你幫忙的時候，如果你真的可以去幫忙，那麼千萬別因為怕耽誤自己的私人時間，或者嫌麻煩而不去幫忙，盡量地微笑，然後爽快地答應他「好啊」！如果別人提議做什麼事情，而你也不覺得有什麼不好的時候，也要盡量地微笑，對別人說「好啊」！一次「好啊」、兩次「好啊」，也許還展現不出什麼，嘗試多幾次說「好啊」，別人一定會感到你的變化，也一定會因為你的變化而喜歡你、尊敬你！當你遇到困難的時候，別人也會對你的請求說「好啊」！

有位名人曾經說過：最好的滿足就是給別人滿足。

Case B

我認識一位私立醫院的院長，他在年輕的時候曾經是一家大醫院的醫生。那個時候很多醫生都「以藥養醫」，給病人開出很多檢查項目，並開很多昂貴的藥物來提高自己的收入。那位年輕的醫生也曾經這樣做過，所以他每月都有很不錯的收入。有很多病人並不富裕，他們拿著繁多的檢查單和藥費單愁眉苦臉地對他說：「醫生，我家裡沒有多少錢，您能不能給我開一些便宜點的藥物呢？」

那時候的他會對病人說：「便宜的藥物療效不好，給你開的進口藥物藥效非常快速。你想想，如果療效不好的便宜藥怎麼吃也治不好，是不是跟療效好的藥物很快治好要省錢？」這時候的病人很無奈地同意了醫生的話，當他們買到昂貴的藥物時，醫生的收入也水漲船高。

後來有一件事讓這位年輕的醫生徹底改變了，他一個病人從鄉下趕來，拿著昂貴的藥費顫抖道：「醫生，我想問一下，我是不是患了絕症？如果治不好，那就不吃藥了！之前孩子爸爸治療癌症讓孩子們欠了好多債，我不想再給孩子們增加負擔了！」

年輕的醫生怔了很久，緩緩開口道：「好啊！」於是提筆給病人開了較便宜的藥單，而這個病人不過是炎症之類的小毛病而已。從此以後這個年輕的醫生面對病人的要求都會說「好啊！」當然他失去了很多收入，有一段時間甚至因為給病人開這些便宜的「良心單」而讓自己入不敷出。可是後來越來越多的病人信任他，口碑相傳，很多人大老遠趕來指明要找他看病。他的名字被越來越多的病人傳誦，在病人們的心裡，給他擺在了最高的位置。正因為病人的信任，他後來自己開了一家民營醫院當了院長。

「追求為別人謀福利，其實也在為自己謀福利。」有位名人說過這樣的話，是說我們要多對別人說「好啊」，多為別人著想，多幫助他人，自己將來也會受到別人的幫助。也許我們一直以來都不喜歡說這兩個字，但是我們從現在開始，要多練習說這兩個字：「好啊！」請記住：「好啊」是你練好說話之道的第一步。

☆這些話說不得：

1、傷人自尊的話。

「你真是太笨了！」「你這個人做人太差勁了！」「你不配做個男人！」等等，這類話都會傷害到對方的自尊心。所以，在談話的過程中最好不要使用這類傷害別人臉面和自尊的話語。

2、自視清高的話。

「看看，我早就說過了會是這樣！」「這件事情，我覺得根本沒有繼續討論下去的必要了。」等等。這種自以為是，自視清高的話，會讓對方覺得你是一個目中無人，自以為是的傢夥，不願意和你再繼續交往。

3、全盤否定對方的話。

「你這種做法根本不對！」「你不應該這樣做！」等等。這種企圖直接全盤否定對方，而肯定自己主張的方法不僅會傷害到對方的自尊，而且會引起對方強烈的反感，使對方認為你是在強調自己的主張，讓人很難接受。

4、推脫責任的話。

「這件事情和我一點關係都沒有！」「我只是一個執行者！」等等。一個遇到事情就喜歡推脫責任的人，是一種自私的表現。人們會認為你是一個不敢擔當的人，一個敷衍塞責的人，也是一個靠不住的人。反之，如果對於自己應該承擔的責任敢於承擔，別人會很尊敬你，覺得你是一個誠意十足的人。

5、論人是非、八卦新聞的話。

「我聽說，你們公司的老闆包養了小蜜？」「我前幾天看到你和一個女孩在一起，那個人是誰啊？」等等。好論人是非，聊八卦的人總是唯恐天下不亂，喜歡探聽和挖掘別人的隱私，然後再添油加醋地去和人說，這種人會對此津津樂道，樂此不疲，讓人很討厭。

生活中，對於別人不願意談及的隱私和話題最好不要提及，因為這樣會讓對方不舒服甚至很難堪，如果不回答你，又會覺得不禮貌，所以對方會很為難，會覺得你是一個八卦習氣十足的人，從而會選擇對你敬而遠之。

第二篇

廢話這麼說

都說廢話是人與人交際的第一句話，現在，開始教你說廢話……

1．常說點：「聽說……」

情景設置

A搬入新社區，與路人B閒聊中——

A：聽鄰居說XXX老公和她離婚了？

A：聽說，那個男的找小三……被發現了……

A：聽說，她當場就暈了……

A：妳聽說沒有？

B：沒有……

A：這麼大事妳都不知道？

B：因為我就是XXX，妳說的這些我還沒聽說……

A：……

似乎在每一個人的眼中，常常說「聽說」二字的人總有那麼些八卦的色彩，就像是古裝劇中討人厭的老太婆，到處用「聽說」議論別人的家長裡短，搞壞人家的夫妻關係和兄弟關係，以致勞燕分飛、兄弟反目。

這種愛八婆的人總是讓我們恨得牙癢癢，但是，我們每個人卻都在某時某刻充當過這樣的角色，我們喜歡聽別人說聽說來的故事，倒也願意說那些我們聽來的勁爆消息，不過，一切都要以道德標準作為底線。

不過，雖然「聽說」兩字聽起來總是讓人有幾分反感，甚至還有幾分無關緊要只能當做廢話聽的嫌疑，不過常說「聽說」確實能在日常交際上讓你獲得良多，它就像是一塊敲門磚，能夠輕而易舉的打開對方的心扉，讓別人說出那些你想得到的資訊。

當然，並不是隨便家長裡短就能讓對方鬆懈神經，「聽說」的使用也是有一定的技巧的，正像大家都說的：廢話往往是人際交往的第一步。而會說「聽說」的人往往能更容易的邁出這一步。

Case A

坤哲是一個小社區的警衛，與其他人無異，也是每天守著整個小社區人的進進出出，但是，讓很多新來的警衛都很詫異的是：他好像十分受到住戶們的喜歡，每次出門進門的人都會主動跟他打招呼，人家有做什麼好吃的飯都會給他送一些，甚至，在過新年的時候還有人主動給他紅包、叫他去家中吃年夜飯。

其他的警衛們都對這個現象很迷惑，難道是坤哲有什麼其他的關係？或者，有什麼妙招？雖然，他們請了好幾次坤哲吃飯，但是，每次提到這個話題坤哲只是笑而不語。

不過，這樣的秘密總會被人知道，原來坤哲並不是有著什麼樣的特別背景，他唯一的方法就是懂得與住戶們交流，而這個交流每次都是用「聽說」開頭的。比如三號樓三〇一的趙伯伯前幾日傷了腿，卻都要每天去路口的中醫館治療，坤哲就會纏著趙伯伯說：「趙伯，聽說您的家人最近很忙沒時間陪您看病，以後您每天找我，我扶您去！」其實，趙伯孤身一人，兒子女兒根本沒有人來看他。

再比如說，四號樓的王太太，做了多年的家庭主婦，常年帶著孩子去上舞蹈班，終於培養出了一個舞技很高的冠軍，坤哲每次見了王太太就會說：「王太太，聽說您培養出了個舞蹈冠軍，表演拿了大獎啊，什麼時候您也給我上上育兒經啊……」

就是這樣，一來二去，坤哲漸漸的和很多住戶都建立了很好的關係，大家也都特別喜歡跟他說話，而其他住戶也知道原來警衛中有坤哲這麼一個人物，每次經過警衛室也會客氣的說一聲：坤哲，你好。

　　坤哲成功的用「聽說」的功力打開了小社區居民的心扉，讓他儼然成為了小社區的交際之星。不過，並不是所有人都這麼幸運，因為凡事當站的角度不同時，結果也就會截然相反！

Case B

　　艾迪是一個全職太太，每天除了送孩子上學、收拾家務、做飯洗衣倒也沒什麼工作可做，所以她唯一開心的就是每天在樓下涼亭和其他太太們的閒聊時間。不過，艾迪有個毛病，就是不喜歡像其他太太一樣聊繡花、聊寵物、聊減肥，她更喜歡聊別人家的家長裡短。

　　這一日，她聽到樓上一家夫婦在吵架，好像還摔了東西，所以，她下午一到時間就趕緊下樓去跟其他太太聊，今天她一走進涼亭，發現新來了一位太太，她看人家穿的較為高級，所以就湊過去和人家說：「妳也住這棟樓啊，今天四〇一的太太說她們隔壁的夫妻倆打起來了……妳是不知道，她在家裡聽著都怪嚇人的，肯定是那家男人出軌了……現在這小三啊……真壞心啊……」還沒等艾迪說完，那位太太就陰著臉走了，還憤憤的說：「我怎麼沒聽說，誰造謠……」

旁邊的李太太看著不解的艾迪說：「妳說什麼不好，偏愛說人家的家事，看，踢到鐵板了吧？她就是四〇一隔壁的住戶，新搬來的……」

看著那個憤怒的背影感到十分丟臉，趕緊上了樓，她不知道該不該去和那位太太道歉……後來，艾迪變得越來越寡言了，也不去涼亭說人長短了。

艾迪因為愛說人長短飽嘗了自責與愧疚的痛苦，後來，她再也不信「聽說」來的東西了，因為她開始明白了謠言的傷害之大是她無法控制的。不過，她後來還是很愛說聽來的故事，因為那些都是別人光鮮的故事，說出來大家都會開心，也就沒有隔膜的產生。

只要心存善念，即使是有些爭議的「聽說」也成了溫暖人心的語言——「聽說你失戀了，還好吧」、「聽說你的狗狗去世了，我感到十分抱歉」、「聽說你最近在找工作，有什麼困難跟我說」等等。

說話之道的外衣之下，是要一個人擁有最真摯的情感和高尚的品德，總是搬弄是非的人，逞的只是一時的口舌之快，並不能給別人留下好印象，即使能說的天花亂墜也無濟於事，這種話才是真正的廢話。而用善意的「聽說」開頭，既給了人家一個美麗的光環，又能在一定程度上幫助別人，又有什麼壞處呢？不受大家喜歡才怪呢！如果你也聽說，那就讓它幫你去打開對方的心扉吧！不過，這一切都要先從好的方面開始……

☆見什麼人說什麼話

有的人性格沉穩，不喜歡隨便說話；有的人性格活潑，不喜歡中規中矩；有的人性格幽默，不喜歡說話刻板；有的人一本正經，不喜歡說話太輕浮；有的人修養很高，不喜歡聽沒有水準的話……總之，不同性格的人，對說話的方式可謂是蘿蔔白菜各有所愛。這就需要我們能夠及時調整策略，投其所好，這樣才能提高我們交談成功的概率。

對待不同的人，應該時而讓自己的話語活潑一點，時而讓自己的話語沉穩一點，時而讓自己的語言幽默一點，時而讓自己天真一點，時而讓自己城府深一點。總之，應對不同的人我們應該從對方的角度出發，說一些讓對方能夠理解和接受的話。

俗話說得好，話不投機半句多，只有投機才能實現很好的溝通。

2．看似無用的場面話

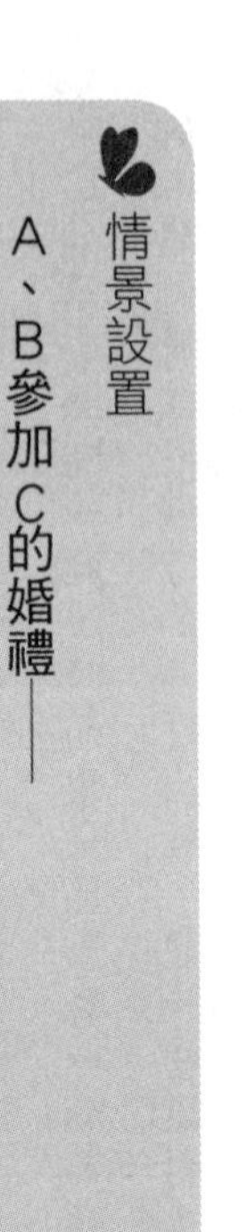

情景設置

A、B參加C的婚禮——

A：C，你婚禮不錯啊，辦的真溫馨……

C：謝謝，謝謝……

B：是挺溫馨的，場面小看著就溫馨……

A、C：……

B之所以弄的全場很尷尬，完全就是吃了不會說場面話的虧，試想有誰喜歡別人在自己的婚禮上控訴場面太小呢？這完全就是對人家婚禮的不尊重。同理，想要得到別人的喜歡，另一個說話之道就是懂得說「場面話」這本「廢話寶典」。

什麼是場面話？場面話很重要嗎？

當然，能夠稱得上場面的地方都會有一些身分地位比較高的人出現，或者是喜慶的事情出現，場面上說的話和平時我們大大咧咧說的生活話是有差別的，場面話能夠幫助我們樹立良好的形象，對我們非常重要，所以我們千萬不要小覷場面話。

不同的場合說不同的場面話，非常考驗一個人的說話水準，這也是一個人處世能力的一個表現。有時候場面中充滿了機遇，會說場面話的人，就是那種能夠抓住機遇的人。會說場面話的人往往能夠在場面上展現自己的說話能力，讓他人覺得你是一個會說話會辦事的人，增強他人對你的好感。而不會說場面話的人，遇到場面總是張口結舌，不知道該如何是好，會被人恥笑的。如果這時候上司恰好在身邊，你張口結舌面紅耳赤的樣子就會深深印刻在他的腦海裡，以後對你會不會有好印象可難說了。

會說話是一種很重要的能力，會說場面話更是一種不可多得的能力。很多人要求自己的妻子能夠「上得廳堂下得廚房」，殊不知這個社會要求我們能夠「說得圓滿，說得漂亮」！

有一個笑話很能說明不會說場面話的人是有多麼尷尬：

有個人不太會說話的人去參加別人的婚禮，他的家人知道他不會說場面話，只要一說話就會讓人大跌眼鏡，破壞氣氛，所以特地叮囑他在婚禮上的時候千萬不要亂說話以免尷尬。於是這個人在婚禮酒宴上小心翼翼，一句話也不肯多說，正當家人放下心來的時候，主持人卻提議讓大家共同舉杯祝福新浪新娘幸福，於是每個人都要說一句祝福的話。當輪到他說祝賀詞時，他高興地端起杯子來道：「讓我們同歸於盡吧！」

新郎新娘頓時滿臉黑線，尷尬地敬酒之後就匆忙離開。這個不太會說話的人被家人好一頓數落，都讓他把嘴巴閉緊一點，別再說什麼不吉利的話了。當婚禮快結束的時候這個人實在憋不住了，說道：「我已經沒敢說話了，將來他倆要是過不好，鬧離婚可不能賴我！」

這雖然是個笑話，但也從一方面說明，在場面上我們一定要學會說一些合適的場面話。我們都知道，場面話不過就是帶著奉承意味、好聽的話，說來說去還不就是那麼幾句吉祥如意的話，怪虛偽的。但是我們要明白這一點，在場面上說一些合適的場面話可以緩和場面上尷尬的氣氛，讓說話的雙方都覺得輕鬆愉悅。會說話的人讓別人覺得你人好接觸、好說話，你說的場面話幫你樹立了良好的形象，那麼對方自然對你也會有一個好的態度。

說話不是生產力，但是會說話可以促進生產力。無論是工作上還是生活中，我們都會遇到各種各樣的場面問題。在這些場面中，我們要面對威嚴的上司、親切的長輩，陌生的朋友，甚至一些身分地位都很尊貴的客人。這時候就需要我們在各種不同的場面上，用一些場面話來壓場子，巧妙的場面話能讓氣氛變得輕鬆愉悅，讓你在場面上受到歡迎和重視。

因為合適的場面話會給你樹立一個良好的形象，給別人留下美好的印象，以後你說話辦事自然會方便很多。

有很多人認為，說場面話實在太肉麻了，假惺惺的說幾句漂亮話多不好意思啊！說不定人家還會覺得你這個人虛偽、說話不可靠呢！這樣的理解其實是錯誤的，場面話並不等同於拍馬屁的話，不會因為對某人的特殊奉承而讓我們的面子上掛不住。合適的場面話其實正是對在場客人的尊敬和重視，聯絡人與人之間的感情，也能讓現場的氣氛變得輕鬆而愉快。

Case A

比利在公司年度聯歡會上負責聯絡工作，主要照顧各位上司主管。這次聯歡會不但有公司高層主管出席，更邀請了很多同行業的專業人士及領導，所以比利需要在這種場面上面對不同的人說不同的場面話。

面對本公司高層主管分身乏術不能照顧邀請嘉賓的情況下，比利便代替上司跟大家說：「各位領導百忙之中蒞臨指導，我代表公司領導和全體人員表示熱烈歡迎。今天的聯歡會既是為了感謝一年來各位領導對我們的關懷和照顧，也是為了讓大家更多的聯絡一下感情。在新的一年中，我們還要仰仗各位領導、各位同行專業人士的大力支持，沒有你們的支持和幫助，就沒有我們公司今天的成績！你們的支持是我們繼續前進的最好保障！」

一席話讓趕來參加聯歡會的很多人感覺到自己是人家邀請的貴賓，是非常重要的角色，心裡自然舒暢了很多。

比利對一位同行業專業人士說：「劉總，能在聯歡會上見到您真是太好了！我知道您是大忙人，您真是太給我們孫總面子了！這一年裡您給了我們公司很多寶貴的指導意見，我們在工作中才能這麼順利，我們全公司員工都對您非常感謝！您是我們的貴賓，我代表全體員工在新的一年裡祝福您事事如意、步步高升啊！」

聯歡會結束後，比利給很多人都留下了深刻的印象，他對不同的人說不同的場面話，聽話的人既不覺得是在聽奉承話，又覺得很舒服很開心，於是很多人都覺得比利是一個有能力會辦事的人。

作為領導，在大場合說合適的場面話能夠保持身分，維持自己的威信和面子；作為員工，在場面上說合適的場面話也會讓人覺得你這人會說話會辦事，幫助你樹立良好的形象。會說一些場面話，掌握一些場面話的技巧，能讓自己在場面上遊刃有餘八面玲瓏，何樂而不為呢？

如果不會說場面話，那將是什麼樣後果？我們也許能想像出來。小李在公司是一個技術員，這個人性格直率，是一個典型的直腸子人，說話辦事不會看人，跟誰說話都是直來直往那一套，有時候會讓人很不舒服。

Case B

有一次開會討論工作方法，主管提出的工作方法並不是很好，雖然技術層面沒問題，卻會讓工作進度變慢，主管自己並沒有意識到這一點，依然滔滔不絕地講話。其他人都沒有出聲打斷主管的講話，小李卻越聽越覺得不好，立刻站起來道：「主管，你這樣安排工作是不對的！你這樣的方法會讓工作進度比平時低百分之十，一天低百分之十看不出來效果，但三五天以後我們的進度就會比別人慢很多，難道你沒看出來嗎？我們在技術層面上可以考慮其他的方法，但工作進度卻是不能耽誤的！」

這話說出來，讓整個會場變得鴉雀無聲，大家都尷尬地待在那裡不知道該如何說話，現場氣氛幾乎凝滯了。主管沒料到一個小科員會這麼直接地指出他工作計畫的問題，頓時滿臉通紅，臉上非常不自然，他皺了皺眉頭，強忍著怒火道：「那好，那我們來聽聽小李的意見，如果小李說的對，我們就按小李的方式來辦！」

小李一時間也沒準備好完善的計畫，因為這個會議是討論計畫，他只是講了講幾條自己的意見，主管聽完之後便道：「我還以為你有什麼更完善的方式，原來也不過如此。」

從那以後，主管很長時間都不願意跟小李說話。有時候小李去彙報工作進展情況，主管要麼讓他等很長時間，要麼就是針對他提出很多工作問題，和他一起工作的時候即使對別人有說有笑，對小李卻愛理不理的。小李也感覺跟主管的關係很為難了，經別人指點，才反思自己那種不顧場面的說話方式是多麼的不合適。

無論結婚、開會、酒宴等等場合，我們應該說一些合適的場面話。合適的場面話既能夠調節場面氣氛，又能拉近說話人彼此間的距離，幫助我們樹立良好的形象，所以我們在場面上說話千萬別害羞，要記住誰都愛聽好聽話，誰都愛被奉承，只要我們掌握好說話的度，在場面上說合適的場面話，是非常有必要的！

☆正確對待場面話。

對於稱讚或恭維的場面話，要保持冷靜和客觀的態度，千萬別因別人兩句話就得意忘形，那會影響你的自我評估。冷靜下來，反而可以看出對方的用心如何。對於別人滿口答應的場面話，姑且信之，但不要抱太大的希望。如果要弄清楚對方說的是不是場面話也不難，事後求證幾次，如果對方言辭閃爍，虛與委蛇，或避而不談主題，那麼對方說的可能就是場面話了。

3.「掏心掏肺」不Out

情景設置

A（女婿）、B（丈母娘）——

A：媽，看！給您買的保養品，保證您喜歡……

B：謝謝，謝謝……怎麼又買了，這張老臉怎麼用也不行啦！

B：誰說的，我媽看著就像三十多歲，用了以後，肯定更年輕……

A：……好好！老伴，怎麼還不做飯，女婿都餓了啦！

都說媳婦和婆婆的關係難搞，各大導演不惜重本把婆婆媳婦的故事搬上螢幕就可見重視程度，不過，相對於兩個女人一台戲來說，女婿和丈母娘的關係也並不是那麼容易。有人甚至調侃說：男人能不能跟心怡的女人走上幸福的生活全憑的是丈母娘，丈母娘讓你三更死你都不敢活到五更去！當然，這樣的說法似乎妖魔化了丈母娘，不過這種戲說也透露出丈母娘對女兒女婿婚姻的重要作用，所以男人們，想順利結婚還要學會哄好丈母娘。

哄丈母娘的學問可就大了，可以買東西給錢，可以帶著旅遊，甚至可以幫著買房子……不過，也許你會不信，因為有時候千斤重的禮品也抵不上一句溫情暖心的話，畢竟丈母娘也只是個女人，是個母親，她對你的百般刁難，也只是想要自己的女兒過著幸福的生活。

不過，有時候男人卻不明白這一點。

阿易是一家公司的老闆，住著別墅、開著豪車，做人彬彬有禮，辦事歷歷風行，很多員工都把他當做學習的榜樣，尤其是家庭的和諧，將上上下下都照顧的十分好，不過，別看阿易這樣完美，但是，這樣一個處處完美的男人卻曾經有一個致命的缺點，那就是嘴笨——搞不定丈母娘。

十年前，阿易只是一個剛畢業的窮學生，沒有錢、沒有關係，只有一個陪在他身邊堅信著他能成功的貼心女友，正當阿易工作稍微穩定下來，他們想要商談結婚時，丈母娘跳出來極力反對：「你現在沒有錢，沒有關係，工作也不穩定，憑什麼結婚成家？難道是憑著天生掉餡餅給你吃？笑話！」

年輕氣盛的阿易也不甘示弱：「我有一個不變的真心，我永遠愛她，錢與我們的愛情比起來也未免太庸俗了……」

丈母娘看到阿易頂嘴，非常生氣的說：「愛？愛能當飯吃？你有愛就能給我女兒幸福了？」阿易當時簡直氣炸了，不顧女友的阻攔，毅然摔門而去！不久，女友就跟一個有錢有關係的男人結婚了。

不過，阿易並沒有讓自己墮落下去，從此他開始努力工作，不斷提升自己，五年後，他終於升為了經理，慢慢的在工作中也獲得了新的愛情，可是，問題來了，因為阿易又要去見準丈母娘了……

其實，經過五年的時間，阿易也曾反省過當時那一怒摔門而出的事情，如果當時自己能夠體諒一下一位母親全心為了自己女兒的愛心，也許就不會那麼衝動了。所以，在這次見準丈母娘之前，他暗自給自己打氣，不管丈母娘說什麼，一定要謙遜、恭敬。

他隨著女友來到了丈母娘家，丈母娘來來回回、上上下下打量了他好幾圈，張口說：「我能看出來，你事業有成，可是，有錢也不一定就好，你說，我的女兒跟你在一起會幸福嗎？你會全心對她好嗎？你敢保證你不會背叛她……」

阿易很不解，以前我沒有錢，丈母娘怕我虧待女兒，現在我有錢，也是錯？不過，阿易知道，這不過是一個母親對孩子的愛，所以，他微笑道：「阿姨，我明白您的心情，含辛茹苦養大的女兒身上都是您的愛，我是一個有責任心的男人，我與您女兒也經歷了一番風雨才確定了對方是想要尋找的人，現在，請您讓我將您這份愛延續下去，而且，我也會和您的女兒一起愛您……」一番話下來，阿易和準丈母娘的臉上已滿是淚水，不久，阿易就結婚了，現在，他們生活很幸福，丈母娘逢人便說：「阿易真是個好女婿，沒有選錯人啊！」

十年前的阿易，更多的是年輕氣盛，所以在說話上最容不得打壓和弱勢的境地，尤其還是在面對丈母娘這樣比較難搞的情形，所以方寸大亂，最終錯過了一段姻緣，不過，十年後，阿易瞭解了更多的人情世故，也明白了難搞丈母娘的內心世界，所以，說起話來更能打動丈母娘，美好姻緣也就可以把握住了。

其實，面對丈母娘的鞏固防守，你買多少補養品，送多少錢都是無濟於事的。最重要也是最簡單的方法就是——掏心掏肺的對她，對待她提出的問題一定要站在她的立場回答，一定要把內心世界的話都講出來，不要去頂撞她的質疑，她只是一個愛女兒很深的母親，所以，一定要用溫情的語言去打動她，如果你能做到這些，那麼搞定丈母娘也就不是難題了。試想，這樣彬彬有禮又有責任感的女婿，哪個丈母娘不愛呢？

☆南風效應：溫和的措辭更易讓人接受。

南風效應，也叫「溫暖效應」，它來源於法國作家拉．封丹寫的一則寓言：北風和南風比賽威力，看誰能把行人身上的大衣脫掉。北風首先發威，來了一個呼嘯凜冽、寒冷刺骨，結果行人為了抵禦北風的侵襲，把大衣裹得緊緊的。接著南風徐徐吹動，行人頓覺風和日麗，春暖上身，一開始解開紐扣，繼而脫掉大衣，南風獲得了勝利。

在我們的觀念中，北風似乎威力更大，為什麼卻輸了？原因在於南風採用了「溫和」的軟手段，而北風則採取了「冷漠」的硬手段，使人們產生了抵觸心理。

說話也一樣。「一句話把人說笑，一句話把人說跳」。能把人說「笑」的話語，通常是溫和的軟語。溫和的軟語通常表現為：「說話語氣親切、語調柔和、語言含蓄、措辭委婉、說理自然。」這樣的說話方式，可以讓對方感到親切、心情愉悅，對事業的發展也有一定作用。

4．那些積極的話語

情景設置

A（窮人）、B、C（富人）——

B：哦，A，你真是太善良了，還送土產給我……

A：謝謝，謝謝……沒事，我家還有很多，下次多送點給你……

B：哦，C，你真是太富有了，太慈善了……

C：……你想說什麼……

B：你不是應該送點什麼給我嗎？

意義積極的話能夠鼓舞人心，當然，這種鼓勵是有雙面作用，因為，一方面能激勵別人，另一方面，也能讓別人心甘情願為自己做事。所以，積極的話要常說、多說。

Case | A

妹妹無論在上大學還是上班的時候，只要一遇到寫作文、公文之類的功課就頭疼，她覺得寫東西是天底下最難的事情。這個時候她總會打電話給我，她會這樣說：「出版的書我同學們都爭著看呢！都說妳寫得特別好，個個都搶著看，還讓我找妳要簽名樣書呢！我知道妳的樣書早發完了，所以我讓他們自己買書去看，這下妳的書一定賣得很好了！」

「是嗎？哈哈……」

「老天真不公平，同樣是一個媽生出來的，怎麼妳會寫東西我就不會呢？妳知道啦，讓我寫作文還不如殺了我呢！我真是比不上妳！妳看，我連個演講稿都寫不出來！」

妹妹長吁短嘆，又說得我得意洋洋，心胸舒暢，我馬上把胸脯一拍：「什麼樣的演講稿？我幫妳！」

「好啊好啊，就是……」妹妹說完就掛了電話。

我欣然點頭，打開電腦，深深吸了一口氣，從胸中竭力搜索可用之詞句，力求寫出一篇激情洋溢讓人熱血沸騰的演講稿。辛苦幾個小時之後，得意洋洋地給她打電話說稿子寫好了，聽她拿到稿子時竊喜的語氣，我不由一怔：我原來只打算幫她找點資料的，沒想到給她一頓「馬屁」之後，竟然給她寫了個全稿。

積極的態度可以讓我們順利度過困難，積極的語言也可以幫助我們打動對方，讓對方樂於奉獻。我身邊很多人都經歷過被人誇讚後，便為人家勤勉辦事的例子，彷彿因為對方的一頓好聽的話，自己的身分、地位、價值都提高了不少似的，為了向對方證明自己的能力，我們往往會不由自主地竭盡所能地去幫助對方，毫無怨言地奉獻。

Case B

我的一個朋友是一位駕訓班的教練，他帶了很多學生，有一次碰到了一個非常會說話的學生，雖然這位同學車感並不是很好，甚至可以說是一個典型的車盲加路癡，可是她卻讓教練把自己當做重點培養對象一點一滴耐心地教她，我那位教練朋友說，每到這個同學上車，總是甜甜地先問好，笑臉迎人的樣子就讓自己很舒服。她非常會說話，很多時候聽她說話，都會有一種表現欲望出來，自己也變得更加耐心，感覺如果不好好教她自己都覺得不對似的。

她是這樣說的：「教練，我非常佩服你們這些會開車的人，我覺得你這樣的老司機特別有本事，隨便看一眼就知道車子該進還是該退，該快還是該慢，聽聽聲音就知道車子哪兒出毛病了！像我這樣對車什麼都不懂的人，和你們一比簡直是天壤之別。」

「摸的車子多了自然就懂了，妳別著急，慢慢練總會練好的！」朋友笑容可掬。

「唉，我只求能把駕照考下來就阿彌陀佛了，什麼時候要是能練得跟教練你一樣，那就太幸運了！我的車感不好，老是犯錯，讓你這麼一個經驗豐富的教練來帶我，真是我的福氣！」

「別這麼說，我會好好教妳的！妳要對自己有信心。」朋友心裡可開了花。

「教練，你可別嫌我笨啊！俗話說名師出高徒，有你這個名師，我一定好好學習，認真練車，保證一次考過，不給你丟人！」

「好說好說，妳沒問題的！」朋友樂呵呵地就帶著這位學生上車，一路上極盡耐心教她，即使她做錯了什麼，朋友也會連忙安慰：「沒事沒事，剛開始學都會犯迷糊，過幾天就好了！」

一般人聽到別人對自己的誇讚，自然的反應就是得意洋洋，非常開心。因為這說明別人**對自己的認同和肯定**，**也是別人對自己的尊重**。被別人的話抬在高高的地方，自然會要給自己找一個好的臺階下，這時候別人如果有所求，那自己肯定會對他有求必應了。掌握普通人這一點的普遍心理，我們就能在和別人談話的時候運用這個辦法，讓他人樂於奉獻，好使自己的問題儘快解決。

有人問，你所說的「積極的話」不就是拍馬屁嗎？拍別人馬屁想要讓別人為自己辦事，那不是很丟臉嗎？其實不然，「積極的話」力求和事實相符，把對方的優點用一種自然的方式說出來，即便是對對方的誇讚，卻能夠讓人聽著順暢自然。「積極的話」多在於鼓勵、誇讚、表揚，它的態度是積極而主動的，是真誠而發自內心的。

Case C

有一個剛畢業的大學生，他所學的專業是化學，但是因為親戚的關係才進了這家公司做了一個辦公室文書人員。儘管他什麼都不會，但是他卻有一張巧嘴，會用一些積極的話獲得別人的幫助。

有一次下班，經理還在整理抽屜，這位大學生滿臉汗水地拿著一個厚厚的本子進來，看到辦公室的人已經快走光了，只剩下經理，這個大學生連忙上前陪笑道：「經理，您忙一天了，怎麼還沒下班呢？」

「收拾好就走，你怎麼還沒走呀？」經理道。

「影印機又壞了，還有一大堆資料搞不定，我想可能要晚一點了。」大學生道，「經理，咱們那台影印機真怪，平時您怎麼用它都不壞，怎麼每次我一用它就罷工呢？」

「哈哈，這台影印機確實該換了。這樣我跟你去看看，大概應是卡紙什麼的小毛病。」經理說著就去影印機前，左看看右看看，打開機殼弄了半天，還真的把它給修好了。

大學生笑道：「經理您可真厲害，這也能修好。我平時以為您一直高高在上，處理公司各種大事，真沒想到您還會修這些小東西！」

「這沒有什麼，小毛病而已。不過這台影印機確實太老了，以後我跟公司提議一下給大家換一個新的！」經理笑道。

「那真是太好了，經理，您這是為民請命啊！您不知道，上次李大姐趕著影印資料也卡了半天，急得跟什麼似的。好多人都為這台影印機著急呢，您這是替我們大家著想。怪不得大夥都說您是個難得的好上司！」大學生認真地說。

經理笑呵呵沒答話，接著說道，「你還有多少材料要印？哦，這麼多啊，那要印到八、九點了！這樣，你去值班室叫一個警衛過來幫你，我屋裡也有一台影印機，你們倆分開印速度就快了。印好了給我把門鎖上就行了！」經理十分客氣道。

第二天，大學生跟同事們說資料是在經理辦公室印的，大家都很驚訝，有人還酸酸地說：「經理屋裡那台影印機是新的，他從來都沒捨得讓我們去用，竟然讓你去用，真是看重你啊！」

那個大學生心裡非常明白：積極的話能發揮出良好的溝通作用，能讓對方樂於奉獻。

☆別做「交際幽怨族」。

「交際幽怨族」是新興起的一個詞語，是指說起話來總帶著抱怨、不滿口氣的人。心理專家經研究，總結出三個原因：其一，「人際幽怨族」過度追求完美，他們總是完美化的眼光去看現實生活，結果常常是現實有太多缺陷；其二，「交際幽怨族」比較以自我為中心，做人做事只為自己著想，不顧及他人的想法，凡是不合自己心意的，就一概看不慣；其三，「交際幽怨族」的眼睛總是盯著別人的缺點，甚至用放大鏡、顯微鏡去尋找別人身上的短處，將別人微不足道的缺陷不斷放大，抱怨也就隨著而來。

生活中，每個人都會遇到不順心的事情，適當地抱怨兩句，發洩一下不滿情緒是很正常的。但一定要注意兩點：一是抱怨有度；二是抱怨的有技巧。

那麼，如何抱怨才算巧呢？

1、當面抱怨。

背後的抱怨是傳播是非，嚼舌根，而當面的抱怨是提意見、說建議，兩者在本質上是有很大區別的。

2、看準場合，想好語言再抱怨。

美國的羅賓森教授曾說過：「人有時會很自然地改變自己的看法，但是如果有人當眾說他錯了，他會惱火，更加固執己見，甚至會全心全意地去維護自己的看法。不是那種看法本身多麼珍貴，而是他的自尊心受到了威脅。」抱怨時，我們分清場合，不要在很正式的場合對上司、同事發一些言語刻薄、有人身攻擊的牢騷。否則，非但無法解決問題，反而會丟掉面子。

3、別讓抱怨主宰生活。

5．是來點甜言蜜語的時候了

情景設置

A、B——

B：寶貝，妳長得真美麗……身材超好……真可愛、真有氣質……

A：謝謝，謝謝……

B：不客氣，這明明就是事實嘛！

「隨便」、「無所謂」、「不行」、「不好辦」、「別找我」、「我沒時間」……很多人拒絕別人的口頭禪很多，抱著「怎麼都行」的態度的口頭禪也很多，有些人就是不愛說「好啊」！

說「好啊」需要帶著一種誠懇的態度，是表示同意別人的一種最好表達，這個詞語帶著一種輕鬆而愜意的口氣，說的人給別人一種信任感和依賴感，聽的人也有一種被尊重感和踏實感。很多人不喜歡說「好啊」，因為這個詞代表著一份責任，代表你答應了別人一件事情。所以事事都很謹慎，事事都不會說「好啊」，久而久之，這個充滿了善意、責任感的詞語便消失在你的語言辭彙中。

很多人不愛說「好啊」，當別人希望自己做某件事情的時候，總是想要拒人於千里之外，或者找些其他什麼藉口來轉移話題。對於別人有求與自己，說「好啊」這兩個字簡直是在給自己找麻煩，如果你說「好啊」，那就是同意對方的觀點，要做他請你做的事情。所以為了不給自己添麻煩，還是少說這兩個字為好。

可是你知道嗎？別人固然會有求於我們，但我們也會有很多時候需要別人的幫助。如果我們總是不說「好啊」，從不表示對別人贊同之詞，那在我們需要別人幫助的時候，也別奢求聽到別人說「好啊」這個充滿希望的詞語了。

人際社會，每一個人都和別人有著千絲萬縷的聯繫，我們不能做為個體獨自生存下來，因為人類是社會性動物，只有互相幫助互相依靠，我們才能發展下去。而「好啊」這個詞語，是推動任何人之間關係的一個詞語，它可以拉近人與人之間的距離，增加彼此相互的合作。

從現在開始，讓我們嘗試著多說一些「好啊」，久而久之，你會發現自己的改變和身邊其他人對你態度的改變。相信這個「好啊」的糖衣炮彈一定會讓你收穫良多。

安安大學畢業後在電視台找到了一份助理的工作，其實說是助理，不過是給主持人、嘉賓、節目製作人等打雜跑腿。每天要做的事情很多，卻都是雜亂的小事，比如給主持人拿衣服、端茶倒水、訂餐、整理節目現場、幫助接待嘉賓，還有辦公室裡的一切雜物，甚至出去買泡麵。

這跟安安當初所想的職業差距太大了，他一直想做一個主持人，希望自己能夠跟隨節目錄製組多學習幾年逐漸上手，可是沒想到自己每天所做的事情連主持的邊都碰不到，這讓他心裡有些沮喪。

不過安安並不是一個容易放棄的人，他每天依然帶著熱情去工作，節目組裡頭無論是誰，只要有事叫「安安，你去幫我買包煙！」「安安，幫我把化妝箱拿來！」「安安，趕快去道具組幫忙抬道具！」之類的，安安都會笑臉迎人道：「好啊！」

時間一長，雖然安安的工作一直屬於「小跟班、小雜役」，但節目錄製組好多人都發現工作中竟然離不開他了，因為他包攬了一切瑣碎但必要的事項。有一次安安休息，主持人把稿子丟在家裡，習慣性地說：「安安，你趕快去我家幫我拿稿子來！」

說完發現沒人搭理她，才發現安安剛好在休假中。眼看著節目時間快到了，主持人叫其他人去幫忙拿稿子，可是攝影師、化妝師、製作人、燈光師等等各司其職，誰也沒工夫幫她。主持人只好連忙給安安打電話，安安雖然正在睡大覺，也立刻道：「好啊，我馬上就去！」

不久，主持人因為有事需要離開節目組一段時間，台裡的主管正在物色一個臨時替代她的人，這時候主持人立刻想到了那個滿臉笑容熱情而勤快的年輕人，以前無論自己讓他辦什麼事，他都開開心心地說「好啊」，事情辦得又快又好。於是這位主持人向主管推薦了安安。主管向節目組其他人徵求意見的時候，大家都給這個平時熱心勤快的年輕人說了很多好話，主管最終敲定使用這個名不見經傳的小雜役做主持人。

機會總是給準備好的人，安安在平時的工作中不斷學習、觀察如何主持，於是工作一上手就很順利。他俊朗的外形、幽默而爽朗的主持風格、穩重而熱情地態度讓他的節目一下熱門起來，在他做了一個多月的「臨時主持人」之後，電視台裡因為他的名氣逐漸增大專門為他開闢了一個新節目。安安從此實現了自己做主持人的夢想。

機會總是留給有準備的人。安安對他人熱情地說「好啊」，使自己良好的形象深深地印刻在別人的心中，當機會來臨的時候，別人自然會想到這個好說話的年輕人了。

「好啊」是一個充滿了溫情的詞語，在這個人情冷漠的社會裡，一句「好啊」能讓人有種如沐春風的感覺，它能夠迅速拉近人與人之間的距離，消除人與人之間的隔閡，讓大家都瞭解你是一個善良熱情的人，給大家留下一個良好的印象。

Case B

漢斯的家在一個新社區裡，他入住不久，社區裡開始組織「住戶委員會」，有幾個熱心的人拿著本子挨家挨戶奔相走告，讓每家出一個人去開住戶大會。漢斯對此不屑一顧，別人敲開他們家門，跟他說明瞭住戶委員會的情況，漢斯沒有點頭說好，反而冷冷道：「社區不是有物業在管理嗎？還費什麼力氣去辦住戶委員會？我沒時間，你們自己去弄吧。」

漢斯的態度讓住戶委員會非常生氣，本來一個簡單的事情，如果他說一聲「好啊，我去！」那就不一樣了。沒過多久，住戶委員會決定在社區大門外做一道圍欄，既為了保護社區的孩子出門不受傷害，又可以防止雜亂人員隨意進出社區。

委員會的人有一次挨家挨戶敲門收取每家五十元的費用，當到漢斯家的時候，漢斯又一次冰冷地拒絕了：「那可不行，每家還要掏錢我可不同意，我不需要什麼圍欄，我家又沒小孩，又用不到這樣的保護。如果讓我掏錢跟你們一起做圍欄，我不是很吃虧嗎？再說了，你們幾個商量商量就決定要大家拿錢出來做圍欄，之前你們問過我的意見嗎？我是肯定反對的！反正你們弄你們的，我不參與！」

這下住戶委員會的人很生氣，於是很多人家都知道漢斯家特別不好說話，所以每逢過年過節住戶委員會的人舉辦什麼娛樂活動，誰都不去叫漢斯參加。漢斯的兒子在社區裡玩耍，好幾個小朋友都不喜歡跟他玩，說他是一個自私的小孩。

漢斯平時還感覺不到這會給自己帶來什麼不方便，可是有一次社區維修水管管道，停水三天，這可把漢斯愁壞了。

整個社區就剩下住戶委員會的一個水龍頭有水，這條水管道還是住戶委員會為了停水特地從別處拉來的。社區很多人都去那裡打水，可是當漢斯也拎著水桶去打水的時候，遭到了很多人的白眼。大家紛紛說他：「你既然不參加住戶委員會，為什麼還從我們這裡打水呢？」「社區湊錢裝圍欄你不參加，很多活動你也不屑於參加，你怎麼還好意思來我們這裡打水？」

漢斯頓時感到了很多壓力，他這才明白，原來平時的一些寬容、一些熱情，一句「好啊」竟然會有這麼大的作用。

讓我們多一些理解，多一些寬容，多一些善良，多一份社會的責任感，多多練習「好啊」這樣的糖衣炮彈，你會發現，這個世界上原來有很多事情都很「好啊」！

☆談話要看對象。

不同年齡、性別、職業、地位的人，會有不同的談話需求和習慣。在和這些人交談的過程中，要使用不同的語言風格，說話的語調、說話的內容、說話的禮儀，盡量貼近對方的需求喜好，這樣才能夠被人接受。比如，對待老人忌諱談及生老病死；對待商人不要談及唯利是圖等話題；對待一個純粹的藝術家不要過多地談及金錢的問題，等等。

當自己的知識面不夠廣時，可以從對方的談話內容中尋找他的興趣點，以此作為切入，不妨談談你對這一興趣的看法，這樣就會引出對方更多的話來，自己也能從中學到更多的知識。平時要注意對這些知識素材的積累，積少成多，以後在與其他人談話的過程中就會有更多的談話內容。

第三篇

那些被說死的話題

會說話的說圓了，不會說話的說死了。

1．衝突，衝突再衝突

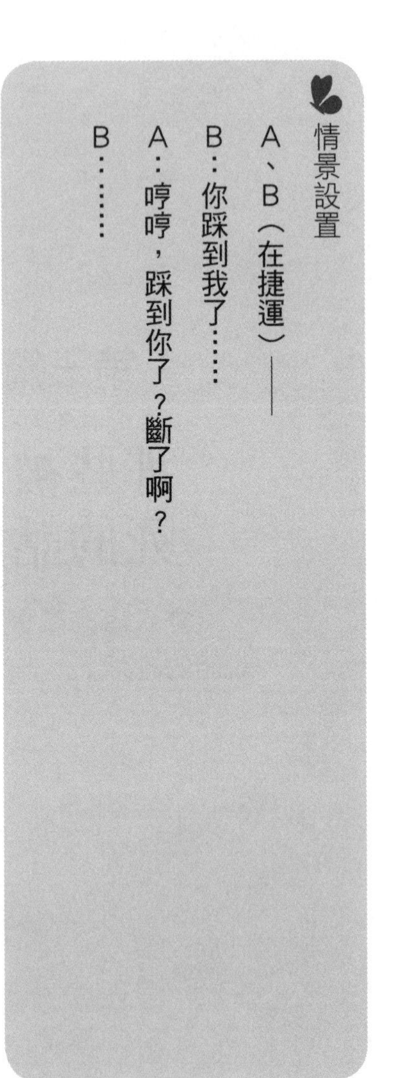
情景設置

A、B（在捷運）——

B：你踩到我了……

A：哼哼，踩到你了？斷了啊？

B：……

Case A

有一次我和幾個朋友在一家酒店吃飯，這家酒店的環境很好，飯菜品質也不錯，慕名而來的人也很多，晚一些便訂不到座位。我們來的時候只剩下最後的一桌了，排在我們後面的人只有排座等待的份。正當我們感到幸運的時候，來了一個氣勢洶洶的男人，衝過來指著我們的座位道：「這是我訂過的座位，你們怎麼能霸占呢？」

男人的態度很不好，說話聲音又大又憤怒，滿臉的怒火急道：「我中午就打電話預定了這個座位了，我一大家子人還在外面等著呢，這座位是我們的，你們霸占了我的座位！」

服務員過來協調，男人依然生氣地衝我們大叫：「快把座位還給我，這座位是我的！」

我平靜地跟他說：「這位先生，你在這裡跟我們吵也沒用啊，座位不是我們強行佔用的，這是酒店服務員協調出錯的問題，咱們再怎麼爭吵也沒辦法解決，你說對嗎？我們把餐廳的主管找來，讓他解決問題好不好？」

那個男人聽我說完便點了點頭，遲疑道：「那怎麼辦呢，我一家人都在外面等著呢！這明明就是我訂的座位！」

我說：「嗯，咱們都是來吃飯的，遇到這樣的問題叫這裡管事的來給我們解決，我們聽主管的安排好不好？」那個男人點頭，我立刻叫來主管，把這個情況跟他說清楚，主管聽了以後連忙向我們雙方道歉，並提出了一個對我們雙方都比較公平的問題，他提議臨時加一張桌子，因為我們這方人少，所以我們挪去那張小一點的桌子，這張桌子還給那個訂餐的男人使用，為了表達對我們雙方的歉意，主管還送給我們兩桌人一道招牌菜。

後來那位先生端著一杯酒過來對我說：「小姐，我這人脾氣暴躁，剛才的態度不太好，還是妳說得對，遇到事情要冷靜一下，跟妳吵是沒有用的，我們可以好好商量看看怎麼才能解決問題。」

遇到問題，如果一方不夠理性，另一方也被怒氣沖昏了頭腦，那大家說話的口氣就會不太好，這時候往往是你說的話不好聽，我說的話會更不好聽，越說越來氣，勢必會發生一場激烈的爭吵，甚至有時候吵架還會升級成打架鬥毆，不僅事情無法解決，雙方還會陷入尷尬的境地。這就好比兩輛對向開來的車，誰也不肯放緩速度，誰也不肯讓位，非要硬碰硬發生正面衝突，那結果當然是兩車相撞，對誰都不好。

很多事情吵架是沒有用的，**想要解決問題不是看誰的嗓門高，誰的脾氣大**。當我們遇到問題的時候，盡量壓制一下自己急躁的脾氣，把話說得委婉一些，避免正面的衝突，喚起對方的理性。雙方在理性中協商，才能順利找到解決問題的辦法。

在工作中我們也經常遇到這樣的問題，所以提醒大家一定要多壓制一下自己的脾氣，理性一點，盡量避免和別人正面衝突。

很多人會不屑地說：「我天生就是一副急脾氣，如果誰跟我說話不好聽，我當然不會饒了他！憑什麼要我忍讓別人，為什麼他不來忍讓我呢？如果別人跟我吵，我勢必會跟他吵的！如果不吭聲讓人家罵，那不是太窩囊？」

「**避免正面衝突，喚起對方的理性**」並不是讓大家凡事都忍氣吞聲。而是用比較平和的態度來看待事情的發展，要知道吵架解決不了問題，那何不先讓自己平靜下來，理性地面對問題呢？

Case B

臨近春節時，鄭先生盼著主管在春節值班的排班表上能給自己多放幾天假。因為老家比較遠，他希望能把自己的值班排在放假第一天或者放假最後一天，這樣一來他就不用中途從家裡返回公司值班。

誰知道主管並沒有注意到鄭先生的這個情況，把他的值班日排在了初三，那就意味著，鄭先生初一回老家之後，初三還得趕回來值班。鄭先生心裡一下子就著急了，他拿著排班表去找其他同事，希望大家能和他調一下值班的時間，這樣他就可以在老家過一個完整的春節了。沒想到其他同事也不想休假中途被打斷，沒有人願意跟他調班。鄭先生心裡十分不痛快，怒氣沖沖地去找主管理論：「我早就跟你申請過把值班日排在前面或最後，你怎麼能給我排在中間呢！」

主管當然也不樂意了，生氣道：「你對排值班有特殊要求，難道別人就沒有嗎？休假就這麼幾天，我要照顧這個又要照顧那個，你讓我怎麼辦！」

鄭先生一聽，更生氣了，他把值班表朝桌子上一拍，氣鼓鼓地埋怨道：「你就欺負我是外地員工嘛，我們外地人在這裡老是受欺負！薪水少工作多，好容易放個假，休假還不給安排好，你們怎麼能這樣做呢？」

主管一看鄭先生說出了這樣的話，不由得也發怒地拍桌子：「你嫌我欺負你們外地人，那你可以從我的公司裡滾蛋！我沒求著你來這裡工作，你不幹有的是人搶著來！你以為你平時的工作表現好嗎？就像你這樣的員工，我沒開除你就是給你面子了！」

兩人越吵越激勵，爭吵使得雙方都失去了理性，俗話說吵架沒好話，兩人都氣沖沖地說了很多難聽的話，結果鄭先生當場辭職，而主管也被氣得血壓飆高。

如果鄭先生理性一點，換一種方式說話，避免正面衝突，雙方便可能有機會平靜地探討解決問題的方法。

在工作中，和他人爭吵，尤其和主管上司爭吵，對員工來說沒有多少好處。留下一個不好的印象，萬一被記恨上，將來如果有升遷的機會，他肯定不會把這個好機會給你！

我們設想如果鄭先生這樣說：「過去的一年裡多虧您經常照顧我的工作，我在這裡表示感謝。您平時對我們照顧有加，新的一年我一定會更加努力為公司工作的。您看我是外地人，回家一趟也不容易，所以我想求您多照顧我一點，幫我把值班排在最前面或者最後面，這樣我才能在老家多休息幾天。等我回來了，給您帶我們家鄉的特產，這事就拜託您了！」

如果你是主管，一個員工楚楚可憐地這樣拜託你，即使調休假的事情不好做，也一定會想辦法幫他解決問題吧。

在我們遇到事情的時候，一定要保持自己的冷靜，迂回柔和地說話，盡量避免正面衝突，喚起對方的理性，才能更好地解決問題。

☆不做無謂的爭論。

在交談中，要避免與人無謂爭辯，可以採取以下這些建議：

1、當別人說出與你不同的觀點時，應該仔細聆聽，讓對方將話說完。尊重別人，就要做一個認真聆聽的聽眾，等對方發表完自己的觀點再說出自己的看法。

2、在不該說話的時候選擇沉默，這時候沉默是最好的表達方式。

3、如果無法避免地發生爭論，那麼此時請你記住一個原則，那就是對事不對人，就事論事，不做人身攻擊。

4、當雙方針鋒相對，相持不下時，應該找一個折中的辦法，彼此各退一步，不失為一個解決問題的良好方法。

5、當爭論告一段落時，應該找一個臺階讓彼此都退出爭論。

2．越描只能會黑

情景設置

A、B——

B：妳又胖了？

A：沒有，沒有啊……

B：還是衣服瘦了……

A：……

B：我並不是說妳胖……怪衣服……

A：……

一件很糟糕的事情需要我們去解釋，可是無論我們怎麼解釋，聽的人卻覺得我們怎麼也說不明白問題，甚至越說反而越讓人不相信。解釋的人用盡渾身解數也無法讓人家相信自己，原本希望幾句話就解決問題，卻不料問題越描越黑，事情越弄越雜，讓人非常頭疼。

工作、生活中如果出現某種問題，你可千萬別以為隨便做個解釋就能澄清，小心越描越黑，讓別人認為你好像在推卸責任，那樣會讓別人對你產生厭惡的感覺，變得不再相信你說的話。

Case A

做設計的萊斯利就遇到過這樣的事情。他的好朋友剛購置了新屋，請他幫忙做設計，他欣然答應。好不容易做出來一個自以為完美的設計稿給朋友看，朋友臉色卻不自然了，客氣地請萊斯利再改改。萊斯利疑惑地拿回去改了又改，沒想到最後朋友仍然不滿意。

萊斯利很難過，這個時候有個老設計師提醒了他，「不要因為是朋友就理所當然地用自以為是瞭解的東西去評判朋友的需要。再好的朋友，總有你不知道的喜好跟要求，你更應該去細緻地溝通，真正知道你那個朋友需要什麼，想把家打扮成什麼樣子。否則你看，你費盡力氣也只是越描越黑，你朋友還不好意思責備你，問題無法解決，而且影響你們之間的情誼。」

產生問題就要去瞭解問題為什麼產生，而不是沒頭沒腦地解決問題。如果我們對所產生問題的原因並不瞭解，那就不容易找到解決問題的方法了。這個時候我們只能緊張地想各種辦法去解決問題、去彌補，殊不知問題就會越描越黑。

搞清楚問題的所在是解決問題的關鍵，在自己沒有搞清楚問題所在之前，如果抱著僥倖的心理跟別人解釋問題，往往會越說越糊塗，牛頭不對馬嘴。遇到問題的時候，很多人第一反應就是趕快解釋，撇清這件事跟自己的關係，把不良影響降到最低，而不是想如何才能搞清楚問題的所在。這樣一來，既耽誤了我們的時間，又會給別人留下不好的印象，得不償失的。

比如感情問題。也許你的女朋友看到你和公司的女同事關係非常親密，於是產生了某種不好的猜測，你自己明白你們二人是清白的，可要是跟女朋友解釋，說不定就會把問題越描越黑。這時你應該想一想，為什麼女朋友會對自己產生不信任的感覺呢？是不是因為平時工作太忙忽略了她？是不是因為答應她的事情沒有辦到？是不是因為最近和她的交流少了？如果你能找到原因，那針對問題去解決問題，你就會事半功倍了。

又比如在工作中大家都比較敏感的跳槽、加薪、辦公室緋聞等問題，它們會大大影響我們的美好形象，一旦發生，需要我們儘快查處問題根源，該沉默的時候要沉默，該張口時候才能張口。

可莉在公司已經工作了快十年了，十年間他的薪水也漲了一些，但是由於前兩年的經濟危機，他和其他同事對公司的福利待遇問題有所不滿，尤其是作為公司的老員工，他在工作上可算盡職盡責，於是覺得自己被公司輕視了。他也知道工作難找，不敢明裡抱怨，只是私下常常提及跳槽。

也不知道誰走漏了風聲，經理知道了非常不高興。尤其可莉還是公司的老員工，可以說可莉是跟著公司一起長大的，也從公司學到了許多可貴的經驗，現在危機剛過，他竟然在背後議論想要跳槽！

從那以後經理對可莉疏遠了些，工作出問題了也會嚴厲批評他。可莉明顯感覺到自己在經理這裡不受歡迎了，弄清楚原因後，他跑去跟經理解釋這完全是個誤會。經理把聽來的「傳言」重複給他聽，雖然這些話都是經過別人加工的，卻著實讓人聽著難受。可莉不得不把自己原來和同事討論的意思說出來，說自己不過是想在待遇上有所提高而已。

經理越聽臉色就越不好，後來乾脆斥責可莉對公司不夠忠心，說公司白白培養了他十來年，原來把他當做兄弟的感情竟然因為金錢而不和。經理說了很多氣話，可莉越解釋越混亂，最後甚至無法收場。

可莉一怒之下跟經理大吵了一架遞交辭職信，可是辭職之後，可莉卻著實感到有些後悔。因為他的學歷不高，雖然經驗豐富，可惜很多公司把入職門檻都訂的很高，他白白錯過很多機會。而不需要抬高學歷的小公司要他，薪水卻不能像做了十來年的那家公司那麼多。

可莉後悔當時自己太衝動了，沒有好好把問題看清楚就急切地去找經理解釋，雙方都對問題有不同的看法，加上確實是自己理虧，可莉說不清問題只能越描越黑，一怒之下輕易丟失了一份不錯的工作。

遇到問題的時候，首先要冷靜下來，如果能搞清楚問題的緣由，那可以選擇適當的方式從根本上解決問題。但是有時候我們無法搞清楚問題出在什麼地方，或者引起事情發生的問題不只一個那麼簡單，那我們最好的辦法只有暫時保持沉默的態度，不要著急去解釋，以防問題越描越黑，把工作生活搞得一團亂。

☆交談中的「古德曼定律」。

美國加州大學心理學教授古德曼曾經提出：「沉默可以調節說話和聽講的節奏。沉默在談話中的作用，就相當於零在數學中的作用。儘管是『零』，卻很關鍵。沒有沉默，一切交流都無法進行。」人們將他的理論總結為「古德曼定律」，也稱作「沉默定律」。如果想要用言語來解釋一個很難說清的問題，說得越多，就越有可能越描越黑；相反，適當的沉默能夠幫助你穩住陣腳，讓流言和誤解慢慢消失。

3.「三句話」之必死的惡性循環

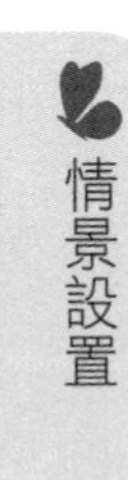

情景設置

A、B——

A：這個小孩很可憐……

B：然後呢？

A：爸爸、媽媽不要她了……

B：然後呢？

A：很可憐啊……

B：哦……

A：……

每個人聊天的時候都最討厭那些別人拋來我們卻接不住的話題，因為面對那些話題我們總是在談話中陷入困境，更有甚至說不上三句話，談話就會不幸「流產」，就像最近網路上開始流行一句話「謠言止於智者，聊天止於呵呵」，雖然詼諧，卻將這種「一聊必死」的惡現象表達的淋漓盡致。

妍美最近很困惑，因為她遇上了一個完美的優質男人，可是問題在於他們兩個在聊天的時候總是莫名其妙的卡住，沒有下一步的交流，怎麼可能變成好朋友呢？又怎麼從朋友變成戀人呢？妍美深知這一點。

這一天，妍美看到她鍾意的男生在臉書上，她趕緊發過去一個笑臉打招呼，不過多久「完美先生」就回覆了她，點開一看，照樣笑臉一張。妍美只能接著說：「今天工作不忙哦！還有時間上線？」

完美先生答：「還好。」妍美心中一沉，只要接著問：「下班了有什麼活動嗎？」其實妍美的意思再明白不過了，當一個女生問你下班之後的事情，多數是為了讓男生主動約會她，可是「完美先生」的回答卻讓妍美氣到爆炸，他說：「沒什麼事情啊……」

妍美當然不是死纏爛打的女生，所以以後再也沒有主動和「完美先生」說話，這場處在萌芽中的浪漫之愛也就不了了之。

故事中的「完美先生」實在讓我有些詫異和生氣，詫異的是一個美麗的女孩主動向他示好，他卻無動於衷，氣的是他的說話態度真的很想讓人揍他。其實，這位先生也並不像妍美想的那麼完美，至少在語言溝通上還存在很大的缺陷，因為他早在不知不覺中陷入了談話的「三句話之必死的惡性循環」中，這樣的人經常更容易接別人給自己發起的問題，但是卻不能同樣創造話題給提問的人，所以，話題的主動方就一直處在發問的一方，但是久而久之，這種只拋出去卻無法得到共鳴的談話必然會終結在「然後呢」「呵呵」「……」等這些意思之後。

對於這一類別的談話，如果不想把話題說死，或者是不想讓話題卡住，那就要懂得把被說死的話題轉變為暢談，比如妍美問：「今天不忙哦」，完美先生就可以回答：「還好，閒暇時休息一下，妳也不忙啊？」比如妍美問：「今天下班有什麼活動？」完美先生如果想去約會，就可以回答：「沒什麼活動，妳呢？如果沒有可以一起吃飯。」完美先生如果不想約會，就可以回答：「沒什麼活動，不過想早點回家看書休息一下，最近有點累……」我想，如果完美先生是這樣的回答，妍美就會好受些吧！

其實生活中有很多類似的狀況，比如一個足球白癡和一個足球大神級對象聊天，話題就盡量不要停留在技術或者明星的層面，畢竟不瞭解的人很難能瞭解這些，最聰明的方法就是談與足球相關的事情，而且重點還要在聊天的對方身上，比如問一下：「每次看足球賽都去哪裡啊？」「什麼時間看啊？」「看得時候要注意休息啦！」這些問題既可以幫助你擺脫不懂裝懂的尷尬局面，也可以讓你用善意的情感打動談話的人，這樣，無疑是一次開心的談話。如果不想再讓自己的話題陷進「三句話必死的惡性循環」中，那麼還是學聰明點懂得說一些讓人接的下去的話吧！

☆和誰都能聊得來的「八多」方法：

1、多積累：辭彙量的豐富讓你的表達能力更出眾。

2、多閱讀：常看書讓你的談吐有內涵。

3、多背誦：記憶細胞會改善你的表述風格。

4、多思考：想會讓你的表達更有條理性。

5、多動筆：寫文章讓你的語言變得更精闢。

6、多交友：跨界交談豐盈你的語言話題庫。

7、多活動：多彩的文娛活動有助於提高你的表達能力。

8、多說話：「自言自語」讓你的表達很給力。

4．說「但是」與「不」之後

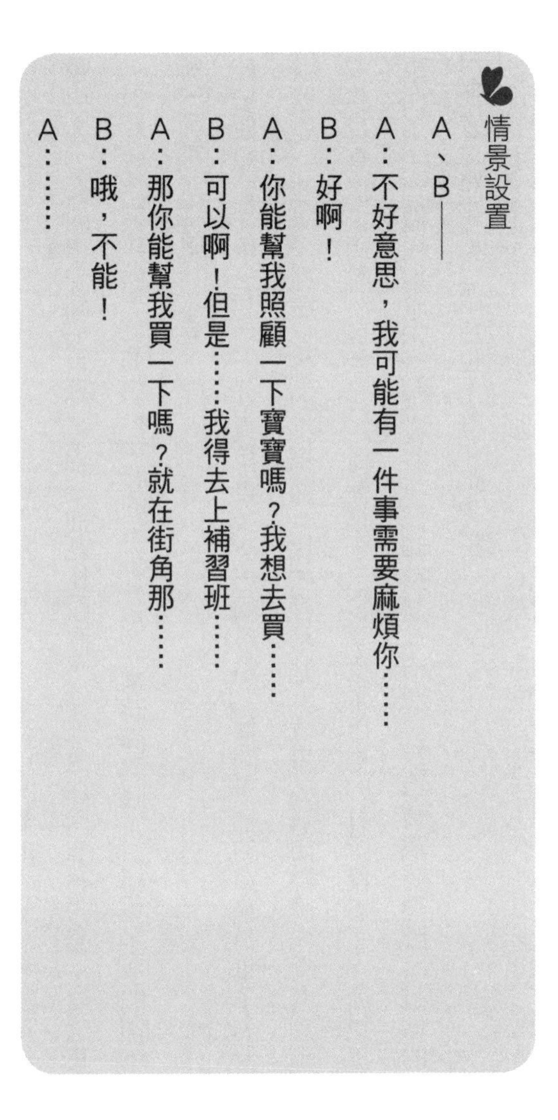
情景設置

A、B——

A：不好意思，我可能有一件事需要麻煩你……

B：好啊！

A：你能幫我照顧一下寶寶嗎？我想去買……

B：可以啊！但是……我得去上補習班……

A：那你能幫我買一下嗎？就在街角那……

B：哦，不能！

A：……

Case A

有個人想要買一輛車子代步，已經有幾款同價位車都在喜歡之列，只是比較來比較去，還是不知道如何選擇。他看中的這幾款車都是大品牌，車型各不相同，各車輛的優勢也各有不同，所以他真的很煩惱。於是他打算一家一家地去看車、試駕，想要透過這種方法來選一輛最符合心意的車子。

誰知道接連去了幾家店之後，他依然無法選定一款自己喜歡的車子。各種車子對他都很有吸引力，有的車子動力很好，但是油耗比較高，從性價比來看有劣勢；有的車子動力一般，但好在性價比高，耗油也低；有的車子外形非常時尚惹眼，但是車子空間卻不夠大。無論哪一種都讓他無法敲定。

於是他想要從車子其他的地方找更多突出的優點，他問車輛的業務員車子的保修，會不會多贈送一些車子裡頭裝飾的小東西，比如腳踏墊、汽車玻璃防熱膜、椅套等等，其中一個業務員直接搖頭說：「不行，這輛車子已經享受了店裡的打折優惠了，所以不能加送其他東西了。」然後他暗示這位顧客，像腳踏墊、椅套、汽車玻璃防熱膜、這樣的小東西其實很便宜，將來自己購買也不會花很多錢。

業務員對他說「不」之後，他心裡很不痛快，這些小東西也不值多少錢，你送給我一套不也行嗎，難道非要讓我自己去買？而且這個不行那個不行，態度一點也不好，對顧客一點寬容感都沒有，將來如果我的車子壞了來這裡維修，豈不還是這樣也「不行」，那樣也「不行」，這樣的銷售者讓我怎麼相信他呢？

他又去了另一家店，這裡的業務員在聽到同樣的要求後，不僅沒生氣，還笑道：「您要求的這些東西都是小東西，雖然您已經享受了本店的購車折扣了，但我可以向經理請示一下，給您一些特別的優惠！因為您是我們的貴賓，所以您的要求我們一定會盡量滿足的。」

當他向經理請示回來後，對他笑說：「我們經理答應，如果您現場付款買車的話，就立刻送您這些小禮物。而且我幫你問了在我們店內駐店的保險人員，他們說如果您直接在我們店裡購買他們的保險，他們還會額外送您一些折扣！」

他聽了之後，心裡覺得這款車子的服務人員態度很好，那將來它的售後服務也應該不會錯，這輛車子的價值在他心目中一下子就提高了很多，於是他當場購買了這款車子。

如果第一個業務員確實不能為顧客提供想要的禮品，那他可以尋找一些店內其他優惠給顧客，比如在售後服務上給顧客提供免費洗車、在車輛需要保養的時候第一時間為顧客排好位置，讓他們開車來保養、修理的時候不需要等太長時間。只要我們抓住顧客愛「佔便宜」的心理，我們就能讓顧客在購買商品時充滿了愉悅感，那我們銷售起來也相對方便了很多。

推薦自己是一門很深的學問，想要達到目的首先就要記住一點，那就是永遠不要輕易對對方說「不」！

永遠不要對對方說「不」，理論上是非常正確的，但實際操作起來卻非常難，因為我們會遇到形形色色的人，一但發生問題，我們一定要記得忍讓、記得讓自己先平靜下來。

「我很喜歡你的創意，但是……不適合我！」

「我對你的表現感覺不錯，但是……我還是決定辭掉你！」

「我知道你對設計很有天分，但是……我們公司不需要你這樣的初級設計師！」

「我很欣賞你的勇敢，但是……我們不想要一個太激進的同事！」

「但是」是一個很厲害的轉折詞，即使前面的話說得再好聽，只要出現「但是」這個轉折詞後面跟的結果一般都不是很好，所以我們都怕聽到這個可怕的轉折詞。

如果你跟一家公司談生意，你的很多話題中都帶有「但是」，「但是」後面附帶其他的條件，那跟你談生意的公司大多不會考慮你的意見了。別小看「但是」，因為這個詞帶有一定的危險性。但是彷彿是對一件事加上了不好的附加條件，從人們的一般心理上說，接受一件事情之後，如果多一件並不讓人十分滿意的附加條件，那人們的心裡大多會對此產生厭煩感，更會因為這種感覺而影響對整件事情的判斷。

很多時候如果直接地對人說一件並不是很好的事情，也許人們還可以嘗試著接受。如果我們把事情換一個說法，就是先把事情的好處說出來，當人們認同之後再告訴他附加的不良條件，那人們就會有一種被欺騙的感覺，會覺得整件事都不值得再去相信了。這就是用「但是」來談事情的後果。

想要把一件事談成，最好少提「但是」這個危險的詞語。哪怕把不好的一面先向對方直接地說出來，也比先列舉好條件再用「但是」去說服人的辦法要好。

Case B

艾迪是一名導遊，他的職責是帶領遊客遊覽名勝古跡、青山秀水。

艾迪接到了一家公司計劃舉辦團隊出遊的任務，艾迪當下找到那個公司舉辦出遊的負責人商談線路問題。

因為公司能給的優惠並不多，所以艾迪也無法給這間公司更多的優惠項目。他跟公司負責人介紹：旅行全程使用的車輛為豪華大巴士，空調、電視、飲用水都齊全，安全係數也高，但是需要給司機提領的補助二千元；旅遊用餐標準為一百元每人，一桌十個人，十個菜，米飯管飽，但是每桌只有兩個肉菜和一條魚，其他都是豆腐、白菜、蘿蔔等經濟菜；全程景點包括主要門票，但是不包括其餘門票和所有遊樂項目的支付；全程參觀的景點保證都是當地最精華最漂亮的景點，但是考慮團費因素，需要有三個購物行程……

艾迪的話還沒說完，公司負責人就皺起眉頭來，當他繼續介紹完所有項目的時候，那位元負責人撇嘴說：「你每個條件看起來都很誘人，可是每個條件之後都會跟一個『但是』來限制我們，我們的旅行團費計畫雖然並不是很多，但是你這些話說出來讓我覺得我們好像這次旅行處處受限制似的，所以對你的出行條件我還是要考慮一下，你請回吧！」

艾迪也知道給他們的優惠確實不多，可是這畢竟是為了保證旅行社的利潤，他也沒辦法，而且據他所知，他們旅行社的報價已經算低了，如果優惠給多了，他們是無法盈利的。

讓他沒想到的是，有一家旅行社居然用同樣的價位把這份合約拿了下來，艾迪非常好奇，為什麼同樣的報價那位公司負責人卻能接受呢？

另一位導遊是這樣對公司負責人說的：「旅行全程的車輛是豪華大巴士，因為貴公司在旅行計畫費用中沒有留出餘地，所以司機的費用是需要貴公司付二千元的。這一點請您需要特別的理解，這件事我們也很沒辦法，我們將會把更多的錢投入到大家遊覽的景點當中，為您做的服務也會做到最好。旅遊用餐貴公司制定的是低標準每天一百元，這種定價的飯菜肯定是不能做到大魚大肉的，旅遊用餐的指定飯店也要賺利潤，所以他們會有一些便宜的蘿蔔和青菜來做菜，不過我們可以保證飯菜的乾淨衛生，一定讓每位團員吃飽，希望您能理解。全程景點一般來說都只包括主要門票，有些景點需要購買門票，這不在團費之內需要自付，不過貴公司只要有十人以上想要購買其他門票，我們導遊就可以幫大家購買半價的團購票，其實也就是十幾塊錢而已。當然，去每個景點都有每個景點的特產可以選購，因此我們安排了三個特產購物的地方，您放心，我們導遊已經跟他們聯繫好，保證大家購買特產的時候給大家最低折扣。經理，我們已經給出全市最低的報價了，但是我可以跟您保證，我們的服務一定不會打折的！我們也希望各位能夠花最少的錢，開心地玩！」

這位導遊把每個「但是」之後需要轉折的缺點，變為跟報價息息相關無法改變的實際情況，而不是好的條件後面附加的劣質條件。

這樣說話讓別人聽起來不會被「但是」嚇到，而是更多地考慮到實際情況，所以能夠更加體會到對方所說的條件，心裡也比較容易接受了。

這件事之後，艾迪便對自己的說話有所注意，當他再次遇到類似情況的時候，他便會避重就輕地避免直接衝突，而是先把對方開出的條件列出來，然後跟對方分析費用的使用情況，用委婉的方式轉變一下，讓那些看似苛刻的條件變成讓人比較容易接受的語言。

「但是」會毀了一場「好生意」，更會毀了一樁「好感情」。這可不是危言聳聽，很多事實證明，即使有一個好的大前提，後面一個大的轉折必然讓人難以接受。

無論是談生意還是平時工作中，我們都要在自己的語言方式上做一些調整。同樣的意思用不同的方式說出來，產生的效果是有著天壤之別的。我們要嘗試把不好的條件用好的方式表達出來，或者針對不好的條件有不同的解釋或者適當的補償，利用人們喜歡佔便宜的普遍心理，把不利於自己的條件用另一種方式表達出來，往往會事半功倍。

有時在和他人談話的時候，不妨把「不好說」的話換一個角度去說，不是要隱瞞，而是提倡不直接涉及「不好說」的那一方面，當然這不是教給大家說話「話裡有話」，只不過是想讓大家掌握聽眾的心理，更好地掌握談話的主動權罷了。

☆拒絕有術。

1、先揚後抑。

我們都有這樣的感受：當自己的某些要求被別人拒絕時，心中會有些不舒服，如果對方拒絕得比較含蓄，我們的鬱悶指數就會降低很多。因此，為了將對方心中的不爽因數數量減到最少，要盡量避免用直接拒絕、全盤否定的話語將對方「打入冷宮」，以免其產生不滿心理。

2、拋出問題。

拋出一系列問題讓對方明白，他的對手不是「任人宰割的羔羊」。而且，這些連珠炮似的問題會讓對方意識到自己提出的要求確實有些過分。

3、自爆困難。

向對方大吐苦水，讓其明白自己現在面對的棘手問題，表示自己實在有心無力，從而使對方主動放棄，並對拒絕表示理解。

4、額外補償。

在拒絕對方時，要盡量不用「不行」、「不可以」、「沒有商量」這些否定意味很濃的辭彙。如果必須用時，應給予對方一些額外的補償，將他心理上的不協調降到最低。

所謂額外補償，就是在拒絕對方時，給予一定的補償。這種補償並不是金錢，可以是某種服務、某種資訊等。再說幾句暖心的話語，就可以給拒絕畫上一個完美的句號。

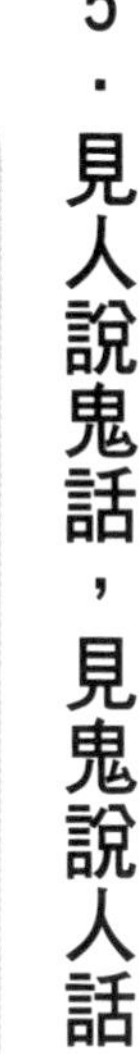

5．見人說鬼話，見鬼說人話

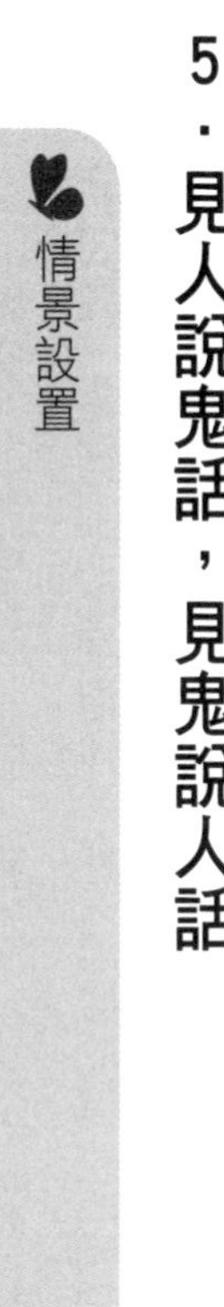

情景設置

A、B——

A：上次我讓你問的事情，你幫我問了嗎？

B：啊……你不是在開玩笑嗎？不過我幫你問了另一件事！

A：拜託！另一件事才是開玩笑的！

B：……

A：……

何謂「見人說鬼話，見鬼說人話」？到底為什麼會出現這樣的狀況呢？其實這就是那些總是在談話中找不到重點的人的通病。顧名思義，抓不到說話的重點，當然也就不能順暢的溝通，到最後也就只能是說的人不清不楚，聽得人不知所云，一番雞同鴨講罷了。

浩男是一家廣告公司的業務企畫，主要負責客戶和公司之間的業務溝通，他平常兢兢業業，總是特別認真的完成每一件事情，即使錯誤之後也會馬上改正，但是，雖然他這麼努力工作卻沒有得到應有的提升，眼看一起來的同事都升職了，浩男坐不住了，他鼓起勇氣推開了經理的大門。

「經理，我想打擾你一會，可以嗎？」浩男小心的問，經理抬頭看了一眼，對著桌子上的文件漫不經心的說：「沒事，你說吧。」

見經理發話，浩男鼓起勇氣說：「經理，算算我在這公司已經四五年了，我一直兢兢業業，即使出了錯誤也盡己所能去改變，可是為什麼我的同事升職了，而我沒有呢？我一直覺得我的努力比他們多很多……」

浩男說話時，經理一直面帶微笑地看著他，聽他抱怨後說：「你還記得上次我讓你接待A客戶的事情嗎？我讓你去問人家滿不滿意B計劃，最後，你問的是C……你的問題在哪還不夠清晰嗎？為什麼你總是聽不到別人說話的重點呢？客戶跟你說A問題，你卻常常認為是B問題，這樣下去怎麼溝通？你又怎麼能做一個成功的業務企畫呢？」

浩男聽到之後十分尷尬，沒說什麼就出了門，從此之後，他還是兢兢業業的工作，不過他學會了洞悉對方說話的重點，很多不必要的錯誤都沒有再犯了，一年之後，他被經理升職了，這次，浩男沒有去找經理，因為他看到經理在玻璃窗裡正和他微笑呢！

浩男的問題在很多人的身上出現，這也就是這些人為什麼總會把一些本來愉快的談話搞得沒有談下去的興致。俗話都說「見人說人話，見鬼說鬼話」是最聰明的人的說話方式，因為它讓人更加八面玲瓏、如魚得水，而「見人說鬼話，見鬼說人話」卻恰恰相反，因為只要這樣的談話性質出現，那麼這場談話就註定有個被說死的結局。

面對這種狀況，聰明的人會馬上保持沉默，細細思考一下對方說話的重點，尤其不要操之過急，魯莽的錯判別人的意圖，最後耽誤別人影響自己，所以還不會說話的你，是不是應該多向「見人說人話，見鬼說鬼話」的聰明人學習呢？

☆說「鬼話」要適度。

「見人說人話，見鬼說鬼話」雖然是一種靈活的說話方式，可以讓人在職場中如魚得水。但是，做語言「雙面人」要收放自如，不能將兩種話混淆，說出「人不人鬼不鬼」

的胡話，或過度沉迷於一種說話方式中，讓其成為一種說話習慣。

舉個例子，有許多聰明人很容易就掌握了「鬼」話，並深陷其中，他們忘記了「見鬼說鬼話」的前句是「見人說人話」，漸漸不會說「人」話了。

6・「怪咖」請注意

情景設置

A、B——

A：幾天不見，忙什麼去了？

B：最近在研究外星人！

A：……呃……，你媽媽還好吧！

B：你認識她啊？

A：哦，不！只是問一下！

B：跟你說些我最近的研究成果……

A：……

生活中，總有這樣的情形，當我們準備開始一場熱絡有趣的談話時，卻常常會被某些人破壞「氣氛」。這些人被我們在背後稱為「怪咖」，怪就怪在他的話題總是處在狀況外，讓我們沒有談下去的興趣。

我想這樣的怪咖在生活中是常有的人群，他們喜歡研習那些異於常人的領域，喜歡說那些不同尋常的話題，他們沉浸在自己的世界中，不希望外界的力量打擾他們的思維。雖然如此，這些「怪咖」們卻常常將我們的生活打斷。

Case A

貝迪是一個大學生，喜歡研究外星靈異現象，起初他整日都埋頭研究這些，樂趣自在其中，可是後來有一天他卻開始發現自己好像和別人有了差距，這主要是從宿舍裡的一場談話開始的。

一過中午，大家都有些倦怠，早早就躺在床上，有幾個男生開始討論最近流行的女明星，大談她們的身材相貌，並且還給這些明星打分數，這時，貝迪還沒開始研究那些怪異的東西，所以插話道：「你們知不知道其實外星人的女人長什麼模樣？」

住在對面的小天斜眼看了下貝迪，冷淡的說：「我對那些女人才不感興趣！」

看有人質疑自己，貝迪心裡也不高興了：「你知道她們長什麼樣嗎？你知道她們的功能是什麼嗎？難道你們就不想知道嗎？每天就會待在這議論女人，宅男了不起啊！」

最後的結果是貝迪和小天打了一架，各說各有理，雖然宿舍的同學幫助勸和了，但是貝迪發現之後和自己說話的人也越來越少了，自此，貝迪乾脆一心投入到自己的大事記中做研究，再也不說那些自認為沒用的話了！

貝迪的問題不在於他自閉不會講話，而是他本身沒有和別人一樣累積同樣領域的資訊，所以當別人談起什麼時，他就總覺得沒有意思，不夠吸引他，所以也就沒有共同語言了。

「怪咖」們也不是完全沒有救，以下兩招就是教給「怪咖」打入對方話題的技巧。

1、**遇到不熟悉的話題，馬上表現出討教的誠意**。

有些事情你不知道不要緊，但是如果像貝迪那樣明顯的表示出對小天他們談的話題沒有興趣的話，那麼誰還願意和你說話呢？相比之下，如果貝迪當時能說：「你們聊得女孩我都不知道，能不能給我介紹一下啊？」我想，如果貝迪這樣說，小天他們最多只是笑話一下貝迪不懂流行，之後就會搶著告訴他那些女星是誰，都演過什麼影視劇……一場愉快的對話就會持續了。

2、**適時的將自己的領域推給談話的對方**。

在打開對方的話匣子之後，此時，「怪咖」們就可以把自己專長的領域介紹給大家了，比如故事中的貝迪就可以在瞭解了女明星之後，神秘的問大家：想不想知道那些神秘領域的女性形象？再講上一些神秘的故事，那麼大家肯定也會很喜歡和你對話的。

☆這些不良的說話習慣要不得。

一般來說，不良的說話習慣有以下幾種：

1、頻繁使用口頭禪。

我們經常會聽見有人這樣說話：「嗯，這件事情是這樣的。」「啊，我覺得她還是適合那個髮型。」「你知道嗎？不吃飯並不一定減肥」「那個，我想說的不是這件事。」這些話語中的「嗯」、「啊」、「你知道嗎」、「那個」都是說話者的口頭禪。著名演說家奧利弗霍姆斯說：「切勿在談話中散佈那些可怕的『嗯』音。」如果一個人在與別人交流時，頻繁使用口頭禪，就會有損他的說話形象。

2、打斷別人談話。

培根曾說：「打斷別人，亂插嘴的人，甚至比持反對意見者更令人討厭。」

3、說話過於簡潔。

有的人說話過於簡潔，比如，有人問他：「你覺得這個方案怎麼樣？」「這個同事的業績怎麼樣？」「那個部門的經理為人如何？」他都會用「好」或「不好」做簡潔的回答。其實，提問者很想知道具體內容，好在哪裡？不好的原因是什麼？比如，這個方案好，是因為創意獨特，還是執行性比較強？只說一個「好」字，會給人雲山霧罩的感覺。

還有一類人，他們喜歡省略很多形容詞，只用「那個」二字代替。比如：「張成的性格有點那個。」「他的競聘演講太那個了吧。」「黃總新請的秘書看著太那個了。」這種說話方式會讓聽眾覺得說話者講得模糊空泛，沒有中心主旨，他們會聽的很吃力。所以，說話不要過度簡潔，要以讓聽者明白話中意思為前提，決定說話的詳略。

4、說話太自我。

這種人講話時從不考慮別人的感受，只知道「我心如火」，卻不知「他心如冰」，導致自己與別人的關係越來越遠。要修正這個壞習慣，我們就要學會感同身受，並且在講話的過程中，多觀察聽者的面部表情和行為舉止，隨時改變說話方式和內容。

5、不注意說話距離。

俗話說：「距離產生美。」但有的人與別人聊天時，喜歡將距離拉得很近，甚至是零距離接觸，以表示彼此的關係親密。其實，這也是不良說話習慣的一種。

心理學家指出：「任何一個人，都需要在自己的周圍有一個自己把握的自我空間，它就像一個無形的『氣泡』一樣，為自己『占據』了一定的『領域』。而當這個自我空間被人觸犯就會感到不舒服，不安全，甚至惱怒起來。」所以，與人交流時，我們應該保持「安全距離」，即在談話時讓雙方都感到自在的合適距離。

第四篇

拐個彎説話

說話的時候拐個彎，記住：能説會道的秘訣——曲徑最能通達想説的話。

1．說話不要太老實

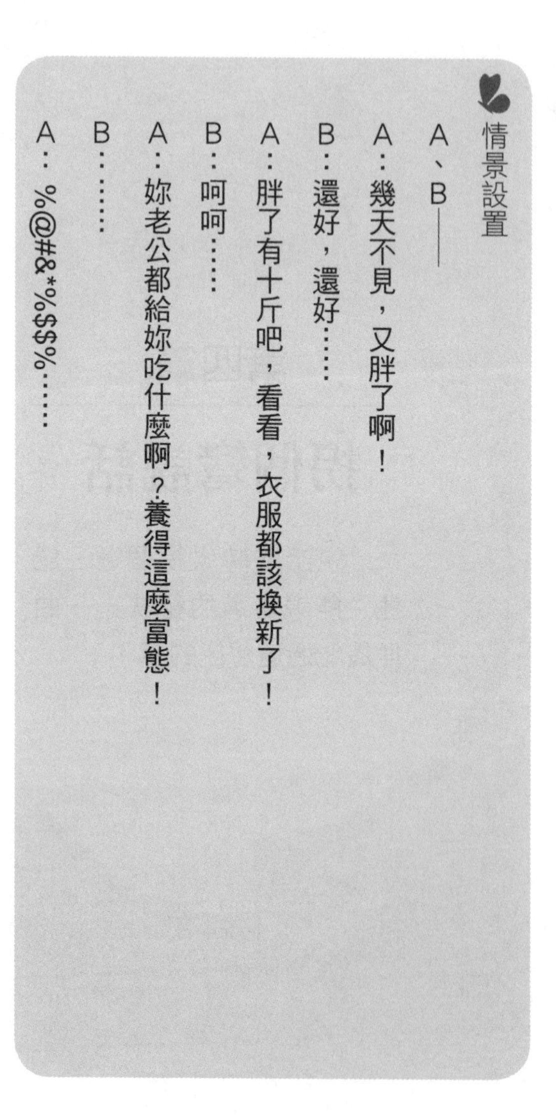
情景設置

A、B——

A：幾天不見，又胖了啊！

B：還好，還好……

A：胖了有十斤吧，看看，衣服都該換新了！

B：呵呵……

A：妳老公都給妳吃什麼啊？養得這麼富態！

B：……

A：%@#&*%$$%……

人說話不要逞一時口舌之快，想起什麼就說什麼，要拐著彎說出內心的想法。舉個簡單的例子，如果別人罵你，你自然會氣憤不過跟他對罵。你罵他之後，他更加生氣，當然會說更難聽的話來罵你。你也不甘示弱，用更更難聽的話回敬給他。兩人你一言我一語，

用最難聽的話攻擊對方，結果兩敗俱傷。

太直接的說話雖然不是「罵」人，但很多時候，如果你對某人有什麼樣的看法想把心裡話說出來，可這些看法對別人來說也許並不是什麼問題，或者真的是屬於別人不願意被人揭開的短處，你直接地告訴他，就等同於在「罵」他。他臉上掛不住，自然也對你不客氣，把脾氣發在你身上，不管你是不是好心，反正針鋒相對地跟你吵才能挽回面子。

Case A

有一次在大街上看到夫妻吵架，越說越激烈簡直成了對罵，條街的人都在圍觀。

女方：「你一天到晚不回家，你眼睛裡還有沒有這個家，還有沒有我和孩子？」

男方：「我還不是為了給你們賺錢養活你們嗎？嫌我老不回家，我天天在家怎麼能賺錢呢？我每天有多辛苦妳不知道，妳就只知道埋怨我！」

女方：「你每次都說去賺錢，可是我也沒看見你的錢在哪兒！你不就是一個拉沙子，扛水泥的嗎，還嫌我把家裡弄得不好？我也要上班，我回家也累，起碼我打工賺的錢比你還多幾百塊！」

男方：「妳賺得多？哦，妳嫌我賺得少，當初就別跟我結婚啊！」
女方：「誰要跟你結婚！我當初是瞎了眼！」
最後，女方捂著臉哭著跑了，男方一臉氣憤的蹲在路邊抽煙……
其實，兩口子吵架無非是為了賺錢、回家的問題，女人嫌老公回家少，賺錢少，爭來爭去就吵了起來。可是這些話要是換成較委婉的說法，拐著彎說就不一樣了。
女方：「老公，你每天早出晚歸，有時候晚上還要加班到很晚，一定很辛苦了，我真心疼你！」
男方：「為了賺錢嘛！我想讓妳和孩子都能過上好日子。」
女方：「你現在在工地上拉沙子，扛水泥做的是體力活，我擔心時間長了你的身體總會吃不消的，何況現在工地的工作給的薪水也不多，要不我們想想辦法做個小生意，你就不那麼辛苦了！」
男方：「誰叫我沒本事呢！怎麼，嫌我錢少啦！後悔跟我結婚啦？」
女方：「我是真心心疼你，不想讓你那麼累，不想讓你那麼晚才回家，你還這麼說我！我可生氣了啊！」

男方：「別生氣嘛，說著玩的！不過話說回來，現在妳打工賺錢比我都多幾百，我真是覺得沒臉見妳！」

女方：「說什麼見外話呢！我們是夫妻，誰賺的錢不都是我們倆的錢！你看這樣好不好，我們賺了一些，再借一些錢，在家門口開個小吃店賣早點，憑我的手藝，你的勞力，咱們應該能賺更多錢！」

男方：「好主意啊，只是老婆那樣要辛苦妳了！將來賺了錢，我天天帶著妳和孩子去旅遊，一天也不離開你們！」

前者的情況是：女人憋了一肚子氣看見老公就罵，心裡頭怎麼想的就怎麼說出來，不注意說話的方式，本來想要維護家庭的和睦，卻因為一時口舌之快，讓老公接受不了，於是兩人發生了爭吵，而且越吵越激烈。

後者的情況是：女人委婉地跟老公表達自己的想法，體貼地照顧到老公的心理。老婆如此體貼關愛，做丈夫的自然會因此感動，她的委婉換來的是老公對自己更多的關愛。所以，「有話好好說」對方才更容易接受。

尤其是女性，在「有話好好說」這方面有著得天獨厚的優勢。溫柔婉約是女人的說話資本，在很多情況下，女人可以憑藉著自己這些資本掌握說話的主動權，用溫柔來打動他人。

很多女性都是一副急脾氣，和別人爭論什麼事情的時候，總是把嗓門亮的高高的。好像扯著嗓子喊一通就能把道理喊到自己身邊來似的。俗話說：有理不在聲高，女人又愛和別人嘮叨爭吵，逞一時之氣，硬碰硬地跟他人爭吵一通，不見得就能落得什麼好處。相反如果女人知道自己的優勢，利用自己的優勢跟他人爭論，很多時候總能夠事半功倍。

所以格外提醒女性朋友注意，不要逞一時口舌之快，遇到事情需要爭論時，我們要記得不急不躁，不能讓對方的挑釁亂了陣腳，氣定神閒，有話好好說，委婉說話，不圖一時口舌之快，謙虛忍讓，氣勢不能太低，態度和緩。

還有一個例子，給我們提供了很好的反面教材。例子中的主角批評人時口不擇言，讓他人對自己產生了怨恨，暗地裡和別人結仇結緣都不知道，最後嘗到了被報復的苦果。

李麥克是一家公司的銷售經理，他手下有一個新來的業務員，銷售業績也一直跟不上大家。月底的時候李麥克拿著業績報表一看，這個新來的業務員拖了整組人的後腿。李麥克一生氣，便把那個新來的業務員叫進辦公室。

李麥克說：「你知不知道你的業績是全組、全公司的第一？倒數第一！我就沒見過你這麼笨的人，有顧客問你產品如何，你都結結巴巴地說半天說不清楚，碰到你這樣的誰還願意買你東西啊！你還跟客人頂撞，他說產品有什麼功能就是有什麼功能，你順著他的意思說就好了，你還拿出產品說明書出來證明我們的產品沒有那個功能！你是嫌我們產品功能太多啊，還是嫌你的業績銷售太好啊？我看你不適合做銷售，你還是想想辦法調去別的部門吧，我們可經不起你這麼拖累！」一席話，讓新來的業務員羞愧的無地自容。沒過多久，就辭職了。

李麥克並沒有因此而改變自己說話的方式，總是在批評別人的時候用盡刻薄的詞語，時間長了，他管理的業務員對他都產生了反感，大家一致地認為，即使李麥克的意見是對的，但說話那麼難聽，也讓人無法接受，他們並不覺得李麥克批評大家是為了讓大家共同進步！

兩年後，李麥克在行業裡遇到一個強有力的競爭對手，對方用盡各種方法把他的產品銷售打壓到最低，無論用什麼樣的促銷手段，對方都會用更加優惠的促銷手段跟他競爭，終於李麥克因為整組的銷售萎靡，被公司領導責罰。後來他才知道，那個強有力的對手竟然是那個兩年前被自己狠狠批評了一頓，憤然辭職的業務員！

那個業務員辭職之後，勵志磨練自己的口才和銷售能力，從一個小小的業務員做到了銷售經理，又做到了部門主管，這時候他終於可以為自己雪恥了！

李麥克一時的口舌之快，讓他無形中樹立了一個強大的敵人，悔不當初。如果當初的他不為一時的銷售業績所急，而是對新來的業務員善意指點、糾正，讓他逐漸進步，那他勢必會得到一個工作上的朋友，而不是一個讓他徹底失敗了的敵人！

我們都要記住，千萬不要只顧得自己嘴巴上痛快了，忘了以後會有什麼不好的後果。在當今這個紛繁複雜的社會中工作、生活，多一個朋友總比多一個敵人好。千萬別因為一時口舌之快得罪了別人，讓人家把你當作槍靶子豎立起來，有事沒事就想朝你開兩槍解氣。

所以要記得，很多時候很多話都可以換一個方式委婉地表達出來，既能讓人接受，又不會得罪別人，這才是最會說話的人。

☆交談中要巧打「太極拳」。

1、直話委婉說。

在社交的過程中，對於一些話，如果直來直去會容易傷害對方的自尊，這個時候就應該學習一下太極拳的方法，採取曲線的套路。

2、急話慢慢說。

當別人冤枉你、陷害你，把你激怒時，如果你急於辯白，反而會越描越黑，如果你不急於爭辯，等待情緒緩和下來，再找一個合適的機緣來說，這樣往往會起到意想不到的效果。

3、用軟語來說硬話。

太極拳的核心思想便是「以柔克剛」，別看這柔軟的招式，卻往往能力敵千鈞。說話也一樣，當我們有理時，也不要說一些得理不饒人的「硬話」，用一些軟話來說服對方，容易將對方敵對的情緒軟化下來。

2．不會說「不會」

情景設置

A（面試官）、B（應徵者）——

A：你會做些什麼？

B：你應該問我不會做什麼？

A：哦，那你不會些什麼呢？

B：這也不會，那也不會！

A：……

說「不會」之前，要慎重考慮一下，有很多「不會」的事情其實我們可以學著去做，而且有很大的機會可以做好；當然也有一些「不會」的事情其實是為了偷懶，不想給自己找麻煩，增加額外的工作量。如果別人給你提出一個問題，你想都沒想就說出「不會」這兩個字，那別人對你的印象必然會大打折扣！

當然，不是非要讓大家硬著頭皮去說「我會」，有些事情可能我們真的做不了，當別人提出的時候，我們無法去完成，這時候卻硬說「我會」的話，將來無法完成任務也不是鬧著玩的。所以我們要在說「會」「不會」之前，慎重考慮一下，別因為一時的疏忽推脫責任而讓別人覺得自己無能，也別因為勉強接過艱難的任務而讓別人覺得自己辦事不利。

Case A

貝克在公司的表現也算不錯，工作一向都很勤快，不論什麼工作都不怕苦不怕累，只要經理交給他的任務他都盡力去完成。可是兩三年過去了，貝克依然沒有被經理提升，而自己身邊的一些同事已經有的升職成副經理或者小組的主管了。

貝克很納悶，他自己知道自己對工作上的事情可從來沒偷過懶，工作都是實實在在的。有很多時候需要額外的加班，他都沒有任何怨言，冬天下大雪，或者夏天揮汗如雨的時候，有些工作同事們不想去做，他都會很勤快的接下來。可是為什麼自己這麼努力工作，卻得不到上司的賞識呢？那些工作不如自己的同事怎麼一個個都得到升遷的機會呢？

貝克想不通，於是他鼓足勇氣去找經理理論。經理客氣地讓他坐下，問了他一個問題：「我們公司倉庫裡，H233 型號材料現在庫存多少？如果有客人訂購這樣的材料，你會給客戶做好安裝嗎？」

貝克當場就怔住了，這問題應該歸倉管和安裝部門負責，自己只不過是辦公室職員，平時跑腿做檔案，開會搞宣傳還行，這些不歸他管的問題他怎麼知道呢？他只好皺著眉頭說：「我不會！」

這時經理叫來了貝克辦公室的一個同事，這個同事剛剛被提拔為辦公室主任，經理問了這個同事同樣的問題，那個同事很快回答出了那種材料的倉儲量，和一步步詳細的安裝步驟，讓貝克目瞪口呆。這個同事跟自己一樣是做辦公室的宣傳工作，那些倉儲量和安裝之類都是工人的技能，他們平時就是坐辦公室，很少去一線生產處，而這個同事怎麼對這些問題瞭若指掌呢？

「同樣是不歸自己部門分管的問題，但有人說會，有人說不會。說會的那個除了本身工作之外，一定會詳細地瞭解跟自己工作相關的很多東西，懂得的工作越多，做起工作來越順手。而你雖然工作勤奮不怕吃苦，可是你卻不會很多應該會的東西，不會用自己的頭腦去思考讓自己如何進步。」經理的一番話讓貝克無地自容，從那以後，他在說「不會」之前，都會詳細地對工作做一些瞭解，認真地思考一下自己的能力。

我們很容易碰到這樣的情況，有時候上級問我們一個這樣那樣的問題，不管這問題是不是跟自己的工作緊密相連的，我們都要認真考慮一下，千萬不要隨便說「不會」。因為一旦「不會」這兩個字說出口，就代表了你放棄了一個潛在的工作機會，丟掉了一個可以向他人證明自己能力的機會。這時你給人留下的印象將是非常不好的，對方一定在想，這傢夥做事不認真，不會用頭腦去思考，更不會對自己應該承擔的責任去負責，因此會對你產生不信任感。

很多人為了怕麻煩而說「不會」，也有些人抱著「多一事不如少一事」的想法也說「不會」，也有很多人對自己的工作之外的事情卻是不太瞭解，因此輕易放棄可以學習的機會，跟別人說「不會」！

遇到別人請教或者交代工作，我們千萬別張口就說「不會」，當你說出這句話的時候，你會在別人心裡留下一個不好的印象，**一次說「不會」**，**兩次說「不會」**，**長此以往別人會認為你真的什麼都「不會」**，什麼都不能委託給你，不能依靠給你，那麼你在別人心目中的地位將會被放得很低。

瑪莉是一家公司的職員，她的工作並不是很重，但是要做的事情很複雜很繁瑣，辦公室裡有四、五個同事，可是在整個辦公大數裡，瑪莉卻是最受歡迎的人。

有一次辦公室的影印機壞了，很多人拿著文件焦急地等待複印，一會兒影印機旁就排了好幾個人。瑪莉看到這種情況，馬上給影印機維修員打電話，然後找來影印機的說明書，一邊查看說明一邊打開影印機查看內部，逐一排除故障。結果她很快找到故障原因，原來裡面卡紙了，瑪莉迅速修好影印機，迎來大家一片掌聲。

某一次辦公室裡接到了一份特別的工作，瑪莉他們需要寫一份詳細而生動的報告，平時大家不過寫一些工作總結和計畫之類的，誰都沒有寫過這樣長篇大論的詳細報告，因此辦公室裡的幾個人都有些為難，誰也不敢接這個任務，生怕自己不會寫，寫壞了會挨上司批評。瑪莉拿來寫作資料認真看了看，在網路上搜索了一些類似的報告研究了一下，她心裡有底之後，決定向上司請纓，接下這個艱巨的任務。

上司知道平時瑪莉就是一個積極主動的人，對她積極的工作態度給予了高度的讚揚，把工作交給她後，還親自為她配了個助手，幫助她查詢資料。瑪莉歷經一個多星期的辛苦奮鬥，修改數次，終於把一份精采而細緻的報告遞交給了上司，上司看完以後大加讚賞，從此對瑪莉另眼相待。

從那以後，上司只要有什麼重要的任務都會先找瑪莉，瑪莉每次都會用盡全力去完成。時間久了，瑪莉的工作能力在學習和鍛鍊中越來越好，也越來越被器重。

☆不要輕易說「不會」。

當我們遇到有困難的工作時，如果我們每次都繞過困難，躲避困難，而不敢迎難而上，那我們怎麼能在和困難的遭遇戰中累積成功的經驗，鍛鍊自己的能力呢？相反，我們認真對待困難，直接面對而不躲避，雖然暫時給自己增加了很多煩惱、增加了很多工作量，但是每一次對困難都是一次學習和進步的機會，我們在戰勝困難的過程中，付出了艱辛，卻收穫了勇氣、堅強和各種應對的方法，這些累積對年輕的我們非常重要，它們會隨著我們年齡的增長而變成我們人生不可或缺的財富，這些財富可不是看書本、花金錢能輕易得到的東西。說「不會」之前，一定要慎重考慮，讓我們鼓足勇氣，拋開面對困難的膽怯心理，勇敢地迎接困難的挑戰吧！

3．不拍馬腿，拍馬屁

情景設置

A、B（年紀為四十歲，長相較老）談話——

A：您顯得真年輕啊！

B：你知道我多大啊？

A：五十？

B（皺眉不悅）

A：那我猜的年齡和您的差幾歲啊？

B：十歲！

A：我就說嘛，您看起來一點都不像六十歲的。

中國俗語「千穿萬穿馬屁不穿」。生活和工作中，拍馬屁有時候是必須的，但怎麼才能把馬屁拍到恰到好處？

大致來說，拍得好的馬屁，既不能讓人感覺到你在拍馬屁，又能坦然地接受你對對方的誇獎，做到這樣的程度，這馬屁算是拍到家了！所以說，能夠將馬屁拍到無形，既能讓聽的人面子上有光，又不會覺得肉麻絕對是一門很深的藝術。

會拍馬屁的人大都是嘴巴靈光的人，這種人擅長看別人的臉色，懂得說話的藝術，他說出話來讓人愛聽，而且越聽越舒服，覺得他說得非常有道理，即使是在誇獎對方也會讓人渾身暖洋洋的。有些人很鄙視會拍馬屁的人，甚至說他們是「馬屁精」，而且鄭重地表示自己一定不會做那種人。

這裡我要說明，我是非常贊成在某些場合、面對某些人的時候用「拍馬屁」這一招的，這時候能把馬屁拍好，其實是一種很厲害的本事，比起蒼白無力無法圓場的談話來說，可是實用多了！

現代社會，人與人的關係非常微妙，靠的是真本事。每個人都愛聽別人說好話，幾句好聽的話可以很快拉近人和人之間的距離，緩和人和人之間尷尬的氣氛，調節人和人之間的關係。

千萬別覺得「拍馬屁」是一件丟臉的事情，能把馬屁拍好了，你的運氣自然也會隨之而來的！自古就有「拍馬屁」的事例，很多事情都是在「馬屁」中辦成的。拍馬屁基本上不需要什麼金錢成本，只要練就一副好的口才，把話說圓了，事就辦成了。

南宋，有個叫韓胄的人，他是個宰相。這位宰相大人在賭城臨安吳山修建了一座豪華別墅，名作「南園」。南園中有很多精美的精緻，什麼小橋流水、竹林花叢、假山美石，應有盡有，一派悠閒的田園風光。

有一天宰相大人在自己家的園子裡溜達，玩來玩去總感覺園子裡好像缺少了什麼似的。原來這園子雖然看起來有一派美妙的田園風光，卻缺少了農家一般具備的東西：看家狗。

宰相大人的話音剛落沒多久，園子裡就傳來了「汪汪汪」的狗叫聲，跟園子的景物正好配合相當。宰相大人非常開心，原來是臨安的趙知府聽到宰相大人的話之後，立刻在園子裡學狗叫，以彌補宰相大人的缺憾感。這馬屁簡直拍的太及時了，宰相大人被哄得哈哈大笑，立刻破格提拔了這位「機靈」的知府為工部侍郎。

這個侍郎從此便被人家叫做「狗叫侍郎」，這個拍馬屁的例子雖然有些不很光彩，可它說明瞭一個道理——拍馬屁，只要拍到合適的程度，就能夠為我們帶來很多意想不到的收穫。

朱元璋喜歡釣魚，有一次他在後花園湖面釣魚解悶，誰知道釣來釣去，魚兒就是不給面子，好長時間一條魚也沒釣上來。朱元璋越釣越生氣，對著湖裡的魚大發脾氣。這時候一個小太監看皇上臉色不對，連忙向前進言勸慰道：「皇上一會兒一定能釣到大魚。」

誰知道過了一會兒，陪皇上釣魚的大臣卻釣到了大魚，而朱元璋依然什麼都沒有釣到，這下子他徹底發火了，正在龍顏大怒之際，翰林院大學士解縉獻詩一首：「數尺絲綸落水中，金鉤抛去永無蹤。凡魚不敢朝天子，萬歲君王只釣龍。」

這話一出口，朱元璋立刻龍顏大悅！

當皇帝的平時聽到的奉承還少嗎？可是此時他聽到解大學士的奉承之後，心情頓時大好。可見，這馬屁拍得極其到位，也正是好處。

這馬屁先貶低了那些不給面子的魚，說牠們是凡魚，然後把皇帝的地位抬到最高，天子萬歲，皇帝釣不到魚跟技術好不好沒關係，全是魚的問題，試想，凡魚怎麼配得上萬歲來垂釣呢？萬歲是釣龍的。從此，朱元璋對那位大學士喜愛有加。

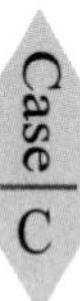

有個朋友絕對是屬於那種會說話的人，他往往能將好話說到最合適的地方。

有一次他代表公司去看望德高望重的退休人士，這些退休人士雖然已經離開了公司，卻曾經對公司的發展做了很大的貢獻，依然享受公司的津貼。他對一位身體不是很好，卻還是在退休後去公司上班的老人說：「老人家，老專家，您是我們公司裡最資深的主管，但我有很多事情不得不說您幾句。您看看您為公司做了幾十年的貢獻，退休了依然為公司發揮餘熱，卻一點也不愛惜您的身體！我們這些年輕人都沒您這麼大的工作勁頭，帶病為公司工作！您這要是因為工作再生了病，公司得遭受多大的損失呀！您這樣是不行的，您雖然是我的最高主管，但您這次一定得接受我的意見，找機會好好休息一下，不然我們這些年輕人都沒臉再休息了！」

這位老人被他說得大笑不止，拍著他的肩頭連連道：「你這毛頭年輕人，一張嘴巴好厲害，看來我不聽你的都不行了！」

這件事之後，老人還經常跟現任負責人打聽那個會說話的朋友，甚至建議把他的職務換到宣傳部門，之後，朋友經常跟這位老人下棋、喝茶、聊天，他的升遷之路在老人的關照下走得越來越順利。拍馬屁，拍的好能拍出好成績，拍得不好卻也能壞事，總之都是一句話的事。

Case D

程傑亮的上司喜歡喝酒，經常喝得醉醺醺地就去公司上班。很多同事都討厭看到這個爛醉如泥的上司，討厭他滿身的酒氣。程傑亮雖然也不喜歡這個上司，但是他總想找機會跟上司拉近關係。有一次上司又喝醉了，程傑亮扶著上司去辦公室，忙前忙後給他端茶倒水，上司說：「唉，不是我想喝酒，一遇到這樣的酒場子大家都來敬酒，我推辭哪一個也不好，結果一喝就喝多了！」

程傑亮道：「您是本公司的決策者嘛，大家當然都要給您敬酒了！像我們這樣的無名小卒，想要去蹭酒喝還沒機會呢！」

上司說：「一切都是為了工作嘛！」

程傑亮生說：「對嘛，您是我們的主力，為了工作喝酒那是為我們做貢獻，您喝酒是為了更好地展開工作。您看您為了工作喝酒，都不計較酒後傷身，我們才真該多向您學習。」

這一席話說完，上司並沒有對他展露笑顏，且用怪異的眼光看著程傑亮，坐起身子道：「我雖然喝多了，也沒醉到不省人事。你說這些話究竟是什麼意思？我知道你們這些人都討厭我身上的酒味，有什麼不滿意的就直說，別在這拐彎抹角地說！」

程傑亮一下子傻了眼，自己明明是在討好上司，沒想到對方聽的話不對意，竟然惱羞成怒。這下子馬屁拍到馬腿上，程傑亮後悔不及。

拍馬屁，是一門很深的說話藝術，我們要會說話，要會拍馬屁，待我們的「馬屁」拍到毫無痕跡卻讓人心安理得地享受這些話帶來的愉悅時，我們的馬屁功夫就到家了！

☆ 拍馬屁的最高境界

拍馬屁的最高境界就是「此處無聲勝有聲」，這就要求我們研讀心理學，從上司的一個表情就能洞察其內心，知道他需要什麼。比如，上司喜歡的某作家辦簽售會，就用盡方法得到簽名書，然後不經意地對上司說：「原來您喜歡這個作家啊，我朋友前段時間送我一本，我沒時間看，送給您吧！」不用華麗辭藻，又可達到恭維目的，效果甚好。

4．說話要有彈性

情景設置

A（上司）、B（職員）第一次談話——

A：這個工作你能做好嗎？

B：放心吧！保證可以完成任務！

A（上司）、B（職員）第二次談話——

A：工作怎麼沒做好？上次你還信誓旦旦的……

B：……

彈簧之所以不容易被折斷是因為它具有一個很好的特性：彈性。而說話有彈性就代表在交際場上我們可伸可縮、可前可後、可進可退，更可以讓人八面玲瓏，如魚得水。

記得小時候大人送給我一個不倒翁，無論從哪個方向推它，它都會反彈過來，從來不會摔倒。我好奇地問：「為什麼不倒翁怎麼推也推不倒呢？」

「因為不倒翁是有彈性的，它無論受到怎樣的打擊，都會彈起來。所以無論你怎樣打擊它，都不會把它打到。

彈性接納，關鍵也在「彈性」二字。「彈性」接納能給自己說的話留有餘地，將來事情做好了當然沒話說，萬一有什麼不妥的地方，也不至於搞得太尷尬，讓別人覺得你只會說不會做，對你產生不信任感。

Case A

文森是一個機械設計師，他的工作是設計工程使用的機械元件。

有一次公司舉辦技術改革，為了提高一套機械的效率，主管號召幾個設計工作者展開競賽，發揮各自的最大力量設計一些更加完善的機械，這件設計工作有很大的難度，對於文森來說，既是一個新的挑戰，也是一項艱巨的工作，因為在一定的時間內做最好的設計確實很不容易。

主管把文森叫到辦公室鼓勵他說：「文森，我希望你能挑起技術改革的大樑，這次的技術改革上層都很重視，也是你們年輕人施展才能的機會！你一定要敢於面對挑戰，不要辜負大家對你的期望！」

文森明白這次技術改革的壓力有多大，屬於不成功便成仁那種，他必然要接受考驗，但是怎麼說才能讓自己的處境變得進退自如呢，他想到了「彈性」：「感謝主管對我的賞識，我一定竭盡所能不遺餘力地工作。但是也希望主管能理解我們，這次技術改革涉及到的層面和專業非常多，時間緊任務重，需要大家分工合作協調完成。我們組裡幾個技術員分別擅長不同的技術層面，所以我希望在這次改革中，我們不要把技術組隊組長分得那麼詳細，技術改革涉及到哪一個環節，那個專業技術員就是我們的組長！當然，我們都直接受您的指派，您才是我們最大的領導人。」

主管點頭道：「你說的這點上層也考慮過，如果這次技術改革不能成功，當然不能算做你一個人的過錯。這樣也好，我們把壓力和風險分散給每個組員，每人就能用肩膀分擔一些壓力，事情會做的更容易些。」

當然，文森這種說法並不是在推卸責任，而是不讓自己把話說得太滿，以備萬一無法完成任務時有條後路。有時候情勢逼人，很多人就喜歡在危急關頭說一些過滿的話，可是當激情退去，他們才發現話說的太滿了，並沒有給自己留下一條後路。

說話的時候不知道適當的「明哲保身」「彈性接納」某些意見，就無法讓自己進退自如。

這種彈性接納不是讓我們偷懶耍滑，而是教給我們一種比較「中庸」的生活方式，其實就是說一些有彈性的話。這種方式可以保護我們，如同一個脆弱的玻璃杯，當它從高處落在堅硬的地面上時，一定會摔得粉身碎骨，而把它從高度丟到一個海面上，它就會保持完好。

這就要求我們說話時注意一下方式，在對別人說「好啊」之前一定要想清楚，有些事情我們是可以承諾的，有些事情可能會遇到困難，不可以貿然承諾。說話的時候要把握一個度，既不要把話說得太滿，遇到困難會把自己逼到角落裡無法動彈；也不要讓人家覺得對自己太沒有信心。說話要帶著一些彈性，給自己留下足夠的空間，可退可進，掌握自如。

Case | B

里奧對朋友很熱情，別人找他幫忙只要他能幫的一定會一口答應下來，甚至經常跟對方發誓一定能做到，而人們說起小蔣這個人也都是豎起大拇指頭，說他是一個十分熱情的人。可是有一件事卻讓小蔣為難了，也深深嘗到了把話說的太滿而卻做不到的滋味。

有位朋友給里奧打電話：「你認識的人多，能不能借三輛賓士車給我當婚車用？」

里奧答應：「這算什麼難事！我認識好幾個大老闆，借賓士車沒問題的，你等我的好消息吧！」

里奧本來的確可以幫忙借到三兩輛賓士車的，可惜有位元老闆朋友需要開車出差，不能及時趕回來。這下子可讓小蔣為難了，一頭已經答應了朋友借車，一頭卻因為意外的情況借不到車子。他只好給朋友打電話：「我只借到了兩輛賓士車，另一輛人家開走出差去了，來不及回來！現在離你結婚還有兩天，你趕緊找別人幫忙吧！」

朋友說：「啊，你答應借我三輛的，現在就兩天時間了讓我去哪兒找啊！你要是借不來，當初別答應我啊！」

小蔣說：「我也沒想到我那個朋友開車出門啊，兩天時間應該能找別人幫忙了！」

朋友說：「我現在到處去買結婚的東西，根本抽不出時間來啊！怎麼辦？你答應我又做不到，讓我怎麼辦？」

小蔣因為說話得罪了朋友，讓本來很好一件事變得不愉快起來。如果當初他知道說話時多一些彈性的選擇，給自己多一些後退的餘地，現在也不會把事情弄得這麼僵。

如果小蔣當初能這樣回答朋友——「好啊沒問題，你的忙我一定幫的！不過我雖然認識幾個開賓士車的老闆，但我不一定能一下借來三輛車給你的！你知道的，這些人是老闆會經常開車出去做事。所以我盡力能借到就盡量借到，如果實在借不到也沒辦法！趁現在還有時間，你再試著找找別的人也去借，哪怕大家多借幾輛也比借不到好，對吧？」

兩種說話的方式都是對朋友提出的請求做出回應。只不過第一種回答的太過於肯定，絲毫沒有給自己留下任何後退的餘地，這種情形一旦遇上什麼狀況就不好跟別人交差。而第二種回答充分分析了借到車子和借不到車子的不同情況，對自己的承諾有所保留，給對方一個彈性的答覆，讓自己在遇到情況時可以進退自如。

彈性說話，並不是怯懦的表現，畢竟很多事情的發展都是無法預料的，並不能夠以我們的意識為轉移。如果想讓自己在工作、生活中不被自己的話逼到絕境，那麼我們就要記得千萬不要把話說得太滿，主張彈性接納有保留地說話。

☆說話要留餘地。

每個人都有自尊心，即便有人犯了錯誤，我們也不能無所顧忌地用刻薄言語教訓他。因為在自尊和人格上並沒有高低貴賤之分，每個人都是平等的。職場中，如果一個人總是口下不留情，不顧及他人的面子，挑戰了對方的底線，對方也會防守反擊，反過來將他逼上絕路。基於此，在說話時，員工要時刻告訴自己：口下留情，給別人留面子等於給自己留後路，可以讓自己進退自如。

5．我知道有誰可以幫忙

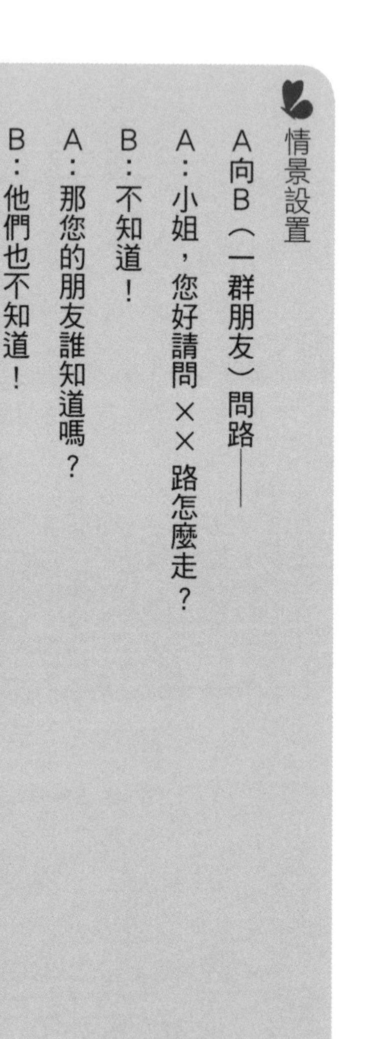

有一位著名的企業家招聘秘書，他給前來應徵的人出了一道很著名的題目：假如你是一個電腦業務員，有位顧客前來買筆記型電腦。你賣給顧客以後，卻發現賣給他的價錢比標價正正少了一萬元，也就是說你少賣了一萬元。這個損失非常巨大，你的經理要你寫一封信給那個顧客，說明情況並要回一萬元。你該如何寫這封信？

據說這個問題並沒有標準答案，而這位著名的企業家也不是想用這道題目來考驗應徵者的智商，其實，他對於挑選秘書另有標準。

第二天三位應徵者帶著他們的答案趕來，前兩位應徵者思路各有不同，他們卻都沒有被選中，而第三位應徵者的答案卻有好幾種思路，原來他回家以後發動了盡可能多的力量幫助他來思考這個問題，而他找的人中也有一位著名的經濟學家，所以他的答案相對於其他人就顯得比較專業而開闊。

聰明的方法是：這個人在一天的時間之內找到了可以幫助自己的人，更好地解決問題。

企業家選擇了第三位應徵者做他的秘書，他的解釋是：我並不要求我的秘書有多聰明，我只需要他是一個可以調動身邊可以利用力量的人，當他遇到困難需要解決的時候，他知道該去找誰，知道誰可以幫忙！

行出狀元，人無完人。所以一個人或許是開車技術方面的高手，或者可能是一位非常優秀的教師，也可能是非常著名的廚師、行銷高手，無論是什麼行業的狀元，在工作、生活中都不可能遇到所有問題都輕鬆解決。

還有一句俗話說隔行如隔山，由於專業領域不同，再厲害的司機也不見得能做一頓大餐，再強勢的業務員也不見得會把車子開好。所以說人無完人，每個人都有不同的特點也擅長不同的技術。當我們在工作中、生活中遇到困難的時候，如果這個困難並不是我們擅長的專業，硬著頭皮做下去也是一籌莫展的時候，「**我知道有誰可以幫忙！**」是最方便最快捷的一條道路。

一個籬笆三個樁，一個好漢三個幫，找到合適的人來做合適的事情，才能更好地完成任務。如果一味地靠自己，哪怕你絞盡腦汁，對自己不熟悉的行業也會一籌莫展。難道為了一份工作，你就要從頭開始去學習那些不同的專業嗎？即使你有信心去學，一旦在工作中需要你使用另外一種技能時，難道你還要去學嗎？

這個時候，最能夠幫助我們的一句話就是：「我知道有誰可以幫忙！」我們大可以去找一個專業人士來幫助我們，利用他人的專業，完成自己的任務。

Case A

張先生在劇團打工，起初跟著團裡琴師學習拉琴，學了一段時間又轉而改學笛子，學了很久笛子之後又轉而學習表演，學了表演又去學燈光，學完燈光又研究編劇。十年來他學東西總是不太專一，什麼都想學一學，而跟他一起拜師學藝的朋友早已經成了專業的琴師、演員、燈光師和編劇，相比之下張先生卻顯得「一無是處」，所以只能被安排在劇團裡打雜。

有一次劇團裡在排練一個大型的演出，涉及到歌舞、雜技、戲曲等等內容，而劇團人才散落卻讓主管人一籌莫展。這時候與張先生一起工作的小李說：我知道張先生就可以幫忙，而此時張先生也正好主動請纓，他根據自己對不同職業的認識，迅速為每個表演專案找到了合適的人選，順利地完成了這次表演任務。

我們不是萬能的，現實中，也許我們只擅長某一項工作，當我們因為不擅長的工作所產生的壓力迎面而來的時候，我們要學會如何規避風險，知道誰是這方面的專業能手，知道找誰來幫忙，問題常常就能迎刃而解。

張先生雖然不是一個「好學」的人，但是他確實一個善於觀察善於調節的人。他在學習不同技術的時候，已經把這些技術員的關係網摸得一清二楚，所以才能夠在危急關頭調節各種不同的關係，把不同專業的人安插在不同的位置，讓他們在自己的專業區域發揮最大的作用。

「我知道誰可以幫忙」，並不是一句容易做的話，這需要我們平時練就一雙可以識人的眼。人際關係在工作中有著非常重要的地位，很多時候人際關係如果處理不好，我們即使知道誰可以幫忙，也不見得人家能夠真的願意過來幫你。所以把人際關係搞好，在需要幫助的時候，我們可以用自己的好人緣，輕而易舉地贏得他人的幫助，比起那些平時沒人緣，求人時到處拉關係抱佛腳的人要容易多了。

比如在村裡，每到殺年豬的時候，村子裡其他的人就會趕來給這家人幫忙，大家殺豬的、切肉的、拌餡的、灌香腸的、醃製火腿的各有各的分工，村子裡很多人自主來給主人家幫忙，當殺完年豬以後，村子裡的人又會聚在主人家一起吃飯。這個時候就能看到主人家在村子裡的人緣了，人緣好的主人家來幫忙的人特別的多，大家幹活、吃飯都特別熱鬧；人緣不好的主人家，來幫忙的人零零散散，吃飯的宴席也冷冷清清。這也說明，人際關係對我們的工作、生活也是非常重要的，因為有時候我們遇到困難，即使知道誰可以幫助我們，可已與他關係交惡，肯定就不能夠請得來幫忙。

Case B

在水泥鋼筋築起的高樓中，很多人在同一棟大樓住了幾年可能都互相不認識。不過，艾莉絲卻是社區裡有名的好人緣。這不是為別的，主要是艾莉絲經常主動給鄰居幫忙，看到隔壁大爺、大媽提著沉重的蔬菜包裹上樓，他總是搶先一步上去幫忙；有鄰居的小孩子晚上生病，艾莉絲不辭勞苦地開車送他們去醫院。艾莉絲所做的很多好事讓大家認可，當他遇到困難時，也有很多鄰居、朋友紛紛出手相助。

有一次艾莉絲的母親重病，適逢醫院中床位緊張，艾莉絲的母親因為找不到病床只好在醫院急診室等待床位。艾莉絲心疼母親，卻對此一籌莫展。後來還是陪著來醫院的鄰居說：我想到誰可以幫忙。原來與艾莉絲同一棟大樓有位醫生就在這家醫院工作，她一著急起來就忘了，所以連忙打電話給他求助。

醫生聽說是艾莉絲的事情，有感於他平時對大家都很好，立刻答應幫忙，第二天一大早就去醫院給艾莉絲的母親找到一個床位。

又因為艾莉絲平時工作較忙，曾經受過艾莉絲幫助的鄰居也自發性地輪流安排幫艾莉絲陪床，讓艾莉絲感動不已。

艾莉絲的故事告訴我們，既要多觀察身邊人的不同情況，瞭解不同的人有不同的專業技能，又要和大家搞好關係，平時對他人多一些關心，多一些幫助，把別人拜託你的事情多放在心上一點，對別人的求助要盡力而為，才能在我們需要幫助的時候，贏得別人的同情和幫忙。

其實，一句「我知道誰可以幫忙」對於身處困境的人能發揮巨大的作用，只是一個小小的善舉，便可以得到別人的認可，豈不划算？

☆讓話「熱」起來。

「沒有熱情就沒有交流」。但僅有微笑是不夠的，還要有熱情的話語。微笑只會讓人覺得你的態度不錯，而要打開對方的心扉，還是要依靠熱情的話語。

6．打圓場不等於攪和

情景設置

A與B吵架，C勸架——

A：%￥#@&&&……

B：&%￥#%￥#……

C：你們不要吵了，沒有勝利的吵架是沒有意義的！

B：%￥#@&&&……

A：%￥#@&&&……

C：我說錯什麼了嗎？

在社會的人際關係中，處世能力關係著一個人的成敗，而打圓場是一種非常重要的處事能力。因為在很多場合中，由於在場每個人的性格不同或者言語相衝等等意外事件，會發生讓人非常尷尬的情況，又或者也許是在場的一個重要人物遭遇意外情況，一時間找不到臺階下，臉上掛不住，原本應該圓滿結束的場合也許會因此而蒙上陰影。

這時候就需要一位能夠拯救全場尷尬氣氛的「超人」出現，這個「超人」不需要有強健的體魄，也不需要有特異功能，更不需要把內褲穿在外面，僅需要他說些什麼來打個圓場，就能夠拯救所有人。

在這方面，清朝大貪官和珅是箇中高手，大家都很清楚，他之所以能夠從一個無名的隨從變身為皇帝身邊最信任的一個高官，因為他具有很多別人不具備的處世能力，其中就包括打圓場！

Case A

有一次乾隆皇帝召集各大臣在後花園裡邊賞花邊商談國事，眾大臣圍坐在皇帝的四周其樂融融地說著話。忽然乾隆皇帝「噗」地一聲放了一個屁，聲音很響，四周的大臣們全都聽到了。皇帝如此不雅，眾位大臣立刻緊張起來，不知道該如何是好，這要是讓皇帝丟了面子，那龍顏大怒起來可不是鬧著玩的。

關鍵時刻，和珅起身誠懇地跟大家道歉：「實在對不起大家，我肚子不舒服，剛才出了個虛恭。」說完他的臉就立刻紅了，跟真的在害羞一樣。大臣們哄然一笑，此時就過去了。

乾隆皇帝因此輕鬆過了一個面子關，因為和珅幫他打了圓場，從此他對和珅更是寵愛有加。

Case B

一個年輕人畢業以後到一家公司工作。因為他的學歷很高，人長得也很不錯，所以格外受到主管的重視。公司的主管一直把他當做重點對象來培養，也對他寄予了很大的厚望，希望將來他能夠接管一些更高層的領導工作。

於是那個主管經常帶著這個年輕人出席各種會議，參加各種酒場，希望能多鍛鍊一些他的能力。有一次在酒席剛剛開始的時候，主管肚子不舒服突然放了一個響屁，所有人都舉著酒杯瞪著眼睛看向主管和那個年輕人，主管十分尷尬，希望坐在他身邊的年輕人能出來擋一下，沒想到這個年輕人竟然也跟大夥一樣看向主管。

酒席過後，這個主管再也不帶這個年輕人參加任何活動了，對他的提拔也一拖再拖，一度對待他的態度非常冷漠。這讓那個年輕人有些不知所措，後來請別人打聽，那個主管說：「他連『屁』大點的事都不敢去承擔，我還能把什麼重要的職務交給他呢！」

這兩個故事雖然都是笑話，我們卻可以看出「打圓場」的重要能力。「打圓場」是一種處世能力，會「打圓場」的人能夠把尷尬的氣氛、冷漠的現場一下子活絡起來，讓大家對出現的尷尬一笑了之。

「打圓場」並不是平時人們說的「攪和」，前者是從善意的角度出發，用輕鬆、幽默、溫馨或者真誠的話語去緩和緊張的氣氛，調節人際關係。這是一種非常積極的語言方式，需要帶有一定的技巧，也能夠展現我們為人處世的一種能力。一般用來「打圓場」的話都會「揚長避短」地說，畢竟對與錯、真與假是相對的，「打圓場」就是得體地避開難題，只挑好聽的話說，只選長處來講，針對不同的情況，用語言巧妙地做解釋，或者用語言來迴避尷尬的話題，讓聽眾在你語言的帶領下換個角度來思考，換一種方式去理解，自然可以更好地緩和氣氛。

「打圓場」往往用於幽默，這正是化解尷尬最好的辦法。幽默的話可以讓人轉悲為喜，逗人開懷，讓人們在笑聲之中恩仇全泯。這中間有時候也帶著恰當的奉承語言，卻不是油腔滑調的狡辯。會「打圓場」的人往往注意察言觀色，在關鍵時刻才能夠挺身而出，幾句話便可以讓大家擺脫苦惱。

「打圓場」可是一門不淺的語言藝術，很多時候一種話和另一種話雖然是同樣的意思，說出來卻能讓人有的哭，有的笑。

Case C

有個打鐵的師父教了一個學徒，學徒學藝完成後打算自己開一間鋪子打鐵。他的鋪子開張第一天，師父就過來給他捧場，這時候有個顧客前來，拿著一把破舊的鐮刀讓學徒修好。學徒看見這把鐮刀破得不像樣子，開口就說：「這麼破的鐮刀還用修嗎？還不如直接買個新的呢！」

那顧客聽了就很不高興，師父趕緊打圓場，笑說：「這位客官一看就是樸實之人，勤儉持家。所謂由儉入奢易，由奢入儉難。一把鐮刀就能看出是持家有道的人！」顧客聽了轉怒為喜，拿了修好的鐮刀開心地走了。

第二位顧客來的時候，手裡拿著一把新菜刀，告訴學徒說這把刀看著新穎卻非常鈍，而且不好用，希望學徒能給它修整一下。

學徒拿起菜刀一看，不由皺眉說：「這麼重的菜刀拿到手裡只感覺沉重了，好用才怪！」

顧客聽了很不高興，心想這不是罵我不會買東西嗎？師父連忙打圓場說：「客人一看就是健壯之人，普通人別說拿這菜刀切菜了，提一會兒胳膊都會酸疼。可見您體力好啊！」

顧客一聽，便點頭說：「老師傅您說的真對，我從小就練武功，倒是練了一身蠻力，要是打起架來，三兩個人都不得近身。可惜沒什麼好做的工作，只好去學了廚藝，挑菜刀都不會挑，只撿著沉甸甸的一把就買了！」

師父笑說：「所謂三百六十行行行出狀元，這位客官既會武功有武有力，又將要學得一手好菜，您將來可謂前途無量。」

師父一通話把顧客拍得舒服極了，拿著修好的菜刀回去，還不斷地邀請師父去自己的店裡嘗嘗手藝。

這位師父的機智讓那個愣頭愣腦的學徒少了不少的口舌之爭，靈活的語言讓顧客滿意而歸。「打圓場」巧妙地利用了聽者的心理——誰都願意聽好聽話，專門撿著好聽的說，把之前因為話不投機而產生的不愉快的氣氛轉化作善意的玩笑，讓別人面子上有光，當然就好說話了。

我們在工作、生活中都不要小覷「打圓場」這個能力，在一個尷尬的場景中，如果你能在危急關頭挺身而出，巧妙地「打圓場」解圍，你所展示的這種處世能力將會很好地展現在別人眼裡，所以你也將會獲得比他人更多的機會。

一個能「打圓場」的人其實是一個很會處世的人，這樣的人所到之處都會受到大家的歡迎，也比較容易受人尊敬。我們想要成為一個會「打圓場」的人，一定要多多照顧別人的心情，觀察別人的一些反應，學會「看別人臉色」行事，懂得如何運用幽默、好聽的話來緩解氣氛。如果我們掌握了「打圓場的」說話技術，將來我們在工作、生活中將會大受裨益！

☆用幽默來化解尷尬。

如何培養幽默感，讓自己的語言帶給別人快樂呢？

1、擴充知識。

幽默是用語言表現智慧的一種方式，因此，它的基礎就是豐厚的知識。一個人只有敏捷靈活的思維，豐富的文化知識，才能用巧妙的修辭開出恰當的玩笑，妙語連珠、語出驚人。

2、設置伏筆。

伏筆就好像相聲、小品裡的「包袱」，用一波三折的情節，激發他人的好奇心，讓人迫不及待地想知道結果，最後再「抖包袱」，達到畫龍點睛的目的，讓人感覺到強烈的幽默效果。

設置伏筆要巧妙，做好鋪墊，然後以獨特的語氣講述跌宕起伏的故事情節，環環引人入勝，最後一語道破機關。要想設置好懸念，自己首先要有耐心。假如你迫不及待地把「包袱」抖了出來，或是通過面部表情與手勢動作的變化顯示出結果，幽默就會消失得無影無蹤，只能讓聽眾的滿心期望變成失望。

3、說點傻話。

說傻話，也就是裝傻充愣，這樣的說話方式往往會出奇制勝，產生特別的幽默感。說傻話和自嘲有些相似，在遇到不想開口卻不得不說的情況時，這樣的說話方式不僅可以給自己圓場，避免沒有臺階下，而且還給別人帶去了快樂，拉近彼此間的心理距離。

但是，說幽默的語言，一定要分對象、場合和實際情況，靈活運用。

第五篇

一句頂一萬句情話

還記得「愛你一萬年」的魔法咒語嗎？有時，情話只要一句就夠了。

1．一句開心話贏得的一顆心

情景設置

A、B、C聊天——

A：B，妳臉上怎麼長皺紋了？

B：……

C：哈哈，「老了」！

A：C，妳得意什麼，妳的也不少！

C：B咱們走吧！

人的一生，從愛出發，並能一路與愛相伴，在生活中就會獲得詩意和快感。所以，你可以把塵世的一切浮華與一切羈絆都丟掉，但你一定要學會說出那句讓別人開心的話。

所有的人都喜歡聽一句開心的話。有的話，能讓初次相識的人聽了撼魂動魄；有的話，一說出口就能讓別人感覺溫暖和舒心。**一句話能讓別人感覺到春暖花開，一句話也會讓別人覺得天空陰霾**，你的一句話能帶給別人開心快樂，讓整個世界處處都如溫暖的春天。但怎樣讓說出去的話去贏得一顆心呢？

其實那一句讓別人開心的話很簡單，當你與他或她相處時，要針對自己和別人的一些小口誤或小缺點，或是滑稽有趣的行為特徵進行揶揄戲謔，只要「調」的得體、「侃」的巧妙，不但能幫你順利實現預期的交談目的，還能收到意想不到的言談奇效。不過，在交談過程中切忌拿他人的短處玩笑，所謂的「打人不打臉，說人不揭短」。如果和他人交往的時候，偶然出現了一些尷尬的狀況，可以透過「調侃」來調劑，就完全能讓原本尷尬的氣氛變得融洽和諧起來。

Case A

露西對工作認真負責的態度，和乖巧的性格，讓她在公司裡得到了大家的喜愛。在她二十四歲的生日的時候，幾位同事為她舉辦的一場精美溫馨的小型宴會，當晚的氣氛非常歡樂。

當時公司裡的很多人都知道雷爾和貝迪都在追求露西，於是同事們借機起哄要她在雷爾和貝迪之間選一個跳舞。也許是那晚露西喝了點酒的緣故，正在她邁步向前走的時候，腳忽然滑了一下，碰到了托盤裡的酒杯，頓時杯子碎了一地。雖沒傷到人，但顯然露西被嚇到了，她愣愣地看著腳下的碎玻璃不知所措，人們頓時也安靜下來。這時雷爾跑過來，對著發愣的露西關切地說：「沒傷到吧？怎麼這麼不小心？」露西看了一眼雷爾，一時間竟然不知道說什麼好了。

這時貝迪也走過來，他拍了拍露西的肩膀笑著說：「哈哈，不愧是咱公司的大美女哦，每個酒杯都爭著搶著要和美女跳舞，結果掉地上了吧？大家說是不是啊？」貝迪的話一說完，大家就都心領神會的開始起哄，有鼓掌的，有吹口哨的，氣氛一下子又活躍起來。露西感激地看了貝迪一眼，眼中充滿溫情。

當然，最終這支舞露西選擇了和貝迪一起跳。

露西是晚會的主角，因酒杯的碎裂使得宴會的場面有些尷尬。而貝迪的那番調侃則很及時的幫露西解了圍，而相比之下雷爾顯然缺乏這種隨即應變的說話技巧，貝迪幽默的調侃，不但重新活躍了宴會的氣氛，而且又巧妙的讚美了露西的美貌，既愉悅了眾人又贏得了美人心。可見，那句別開生面的機智的「暖心話」是多麼重要啊。

愛情與婚姻永遠逃不開親密的聯繫，戀人之間的說話技巧十分重要，尤其是夫妻之間朝夕相處，時間久了免不了會有些小矛盾，往往會因為一句不順心的話或一件不順意的事產生誤會，使自己置身於尷尬的境地。這時，聰明的人不妨拿自己來「尋開心」，故意調侃一下自己的缺點和錯誤，這樣往往會讓自己化險為夷，並且也能讓對方的情緒緩和，大家自然也就心情舒暢了。

Case B

長風是個酷愛畫畫的業餘畫家，他人長得帥氣，雖然個子不高，穿衣打扮卻很有自己的風格和魅力，為此妻子總是擔心長風會在外面做出對不起自己的事來，不過，長風很愛自己的妻子，為了不讓她常年疑神疑鬼，所以無論去哪裡都把妻子帶在身邊。

有一次，夫妻兩人去郊外的一處風景秀麗的森林公園寫生，恰巧帶的水喝完了，妻子便一個人去買。這時忽然跑過來一位長髮美女，過來就拉住長風激動的問長問短。原來這是長風的大學同學，由於多年未見，認出長風的那一時間有些激動，拉住長風的手又跳又叫，甚至還給了長風一個大大的擁抱，而這一切恰好被買水回來的妻子看個正著。長風察覺到了妻子的不快，但他還是禮貌的把妻子拉到女同學面前坐了介紹，妻子倒也沒有說什麼，雖然和他的同學禮貌的打了招呼，但是長風看得出來她的臉色難看極了。

事後，兩人一起回到家裡，妻子皺著眉頭爆發了：「同學多年未見也不至於親熱抱在一起吧？」

長風一臉無辜說到：「老婆大人在上，請明鑒，小民冤枉死了啊，想我素來懼內，天下人皆知，唯老婆大人之命是從，再說，家裡財政大權又在您手裡，我個子不高、口袋空空，誰會看上我啊？老天可憐我，答應給我一個天使，於是把您派到我身邊，您出於同情和憐憫才收留我，給我一個溫暖的家，還為我洗衣做飯，我要知恩不報、泯滅良知，老天爺會讓雷劈死我啊，老婆大人，您可要三思啊，還我清白啊！」

一番奉承話下來，老婆的臉上早已陰霾散去，她裝作生氣的樣子拉著長風的耳朵說：「哼，你就知道耍嘴皮子，這樣很疼了吧？」

長風連忙回應：「不，不，這叫『痛，並快樂著』，我知道您是執子之耳，要與子偕老也，既要與子偕老，可不許事事小心眼，東想西想，咱倆要快樂的過一輩子呢！」妻子聽後莞爾一笑。

一場潛在的不愉快，就在長風的「掏心掏肺」的好聽話面前煙消雲散。確實，生活中夫妻雙方如果有一方在出現矛盾時，能夠以幽默詼諧的語氣和對方進行溝通，怎麼可能還能有吵架的事情發生呢？

夫妻雙方在日常生活中，總是會遇到各種各樣複雜的情況，這就需要夫妻中任何一方都要有較強的語言應變能力，這種應變力不僅可以為你化險為夷，更能為你們的夫妻感情增添不少情趣。

而現實中有的夫妻，卻常常因為觀點不一樣爭論不休，情緒控制不當時，就會讓矛盾升級，經常是好多天都互不理睬，鐵了心要將冷戰堅持到底。當然，在冷戰期間，男女雙方又心裡各種不舒服，都等著對方來開口道歉。其實，只要這時候有一方率先用輕鬆幽默的語言來打破這種僵局，出現矛盾的二人會很快和好如初。所以，開口說一句緩和的話還有很難嗎？

Case C

某日傍晚，妻子和丈夫因為一項家用的支出有了矛盾，妻子一氣之下飯也不吃了，關上房門再也不出來。丈夫坐在客廳和孩子閒聊，故意聲音很大。

丈夫：兒子啊，你媽媽現在就像我現在用的那款美觀時尚的手機。

兒子：為什麼呢？你在誇媽媽前衛時尚漂亮嘍？

丈夫：哪裡啊，你看，錢一用完，她就不跟我說話了。

妻子聽了之後，走出房間坐到丈夫身邊嗔怪道：瞧你說的，我哪裡那麼小氣？

每個人都希望有個完美的婚姻美滿家庭，每對夫妻的婚姻都會經歷一個磨合的過程。家庭的幸福就像美麗的鮮花一樣，需要拿出耐心來澆灌，還要用包容心給予營養和肥料，夫妻間一定要以責任心和包容心來對待平淡的生活。生活裡遇到的一些事情不要過於計較，只要對方深愛自己就夠了。

對愛人的優點給予欣賞和讚美，愛人的缺點給予接納和包容，互相體諒互相關心，多一分愛就多一分情，多說了一句使對方心情愉悅的話，就能多贏得對方的一點心，時間久了，那麼夫妻感情就會不斷鞏固，情比石堅。

☆愛情中的「喜鵲嘴」。

1、不要貶損愛人喜歡的事物。
對待愛人熱愛的事物，一定要肯定事物的價值，並且要去體會其中的快樂，這樣才能讓對方更加快樂。

2、對待愛人的成功要與其同樂。
成功之路非常艱辛，一旦成功誰都會非常喜悅，同時希望你能夠體會這種快樂，並能稱讚自己一下。如果你能適時地稱讚愛人幾句，就是最大的肯定。

3、尊重愛人的著裝與個性。
每個人的個性不同，有人喜歡沉穩、有人喜歡張揚，因此在著裝風格上也會有明顯的差異，不能因為個人好惡而隨意指責別人，故意挑剔對方的瑕疵，這是非常愚蠢的做法。

4、學會欣賞愛人的「作品」。
當愛人拿出自己精心創作的作品時，希望能得到稱讚，以獲得更加充足的信心和成就感。這個時候，你一定要鼓勵對方，大加稱讚對方作品的優點，對於缺點可以一帶而過。

2．天啊，不要再說這種話

情景設置

A、B戀人吵架——

A：……既然妳這麼不喜歡我，那咱們就分手！

B：分手就分手，是你提出來的！

A：妳以為我不知道××與妳的事嗎？！

B：……你污蔑我，太讓我失望了，我才要跟你分手！

A：別……我只是一時氣話……

當最初的激情趨於平淡，日子也就剩下了柴米油鹽，而人的本性卻又是不甘於平淡的，或多或少都想要再次尋找到一種新鮮的刺激感。不過，當這種新鮮感一旦尋找到，此時的婚姻似乎不再有著情比金堅的魔力，變得像是玻璃做的一樣易碎，稍有不慎就會被破壞，當這樣的矛盾出現在婚姻中時，如果我們處理不好，必然就會讓當初信誓旦旦的雙方從此分道揚鑣。

Case A

山姆洗澡的時候，海倫照例收走了他換下的衣物準備去洗，忽然她在山姆的口袋裡發現了一張寄往三藩市的郵寄收據，上面寫著丹收。海倫知道，丹是山姆過去的戀人，她是個漂亮迷人的金髮美女，若不是山姆當初的一次破產，那麼現在山姆的太太應該是丹而不是海倫。當時，海倫一直喜歡著山姆，在山姆生意受到重創的時候，她勇敢地來到山姆身邊，發下誓言要和山姆一起打拼，直到奮鬥的艱苦日子過去，到現在他們終於擁有了一家規模很大的公司。

最近三個月來，海倫發現山姆每次回到家裡不再像過去那樣逗弄孩子、哄孩子睡覺、與自己談論一些公司的事了，他總是把自己關進書房一副心事重重的樣子。海倫也問過山姆發生什麼事了，山姆回答的含糊其辭。直到這封信擺在眼前，海倫才明白，原來是丹讓山姆變了。

這天是週末，山姆在書房裡關著門打電話，海倫只聽到了一句：「妳不要和海倫談，請別傷害她，給我一點時間讓我想想！」海倫猜想那個電話可能是丹的。她努力控制自己的情緒，沒有推門進去，她走到客廳的沙發上坐下來，回想起自己與山姆生活的點點滴滴，她沒想到自己和山姆在經歷了共患難之後，依舊沒能守住這份來之不易的相守。

她還記得那年冬天，山姆因為生意失敗連房子都要抵押給銀行了，丹知道後大罵山姆是個笨蛋，然後又說她要和父母搬去三藩市了，他們必須分手。山姆難過極了，整日酗酒解愁。而海倫一直默默安慰和鼓勵著他，讓他相信一切都可以重來，為了幫助山姆，海倫甚至賣掉了父母留給她的房子，用那筆錢作為山姆東山再起的資金，而山姆也沒有讓海倫失望，終於把他的生意做得有模有樣。

他們結婚那天，海倫感覺到自己是最幸福的女人，因為山姆鄭重發誓要用一生的愛來回報海倫，因為沒有海倫盡心盡力的幫助，就沒有自己今天的成就，所以他會珍惜海倫一輩子！的確，他們結婚十餘年，山姆對海倫一直是寵愛有加。

想到這裡，海倫站起身禮貌的敲了敲書房的門，告訴山姆她要和他談談。

山姆打開房門用一種很嚴肅的表情對海倫說：「海倫，來，坐下，我也有事和妳說！」海倫用力呼吸了一下，穩定一下情緒微笑著坐到山姆的對面。

「海倫，丹聯繫我了，現在她過的並不好，我就寄了一些錢和東西給她，可是她卻想回到我身邊！我們結婚這麼多年，妳知道我對妳怎麼樣，我從沒有做過什麼讓妳生氣的事，可是我忘不了丹，我不知道怎麼辦！妳要是生氣可以打我罵我，可是妳要告訴我該怎麼做！」

「我們結婚這麼久了，我不單是你的愛人，更是你的朋友，謝謝你能主動我告訴我這一切，你不是生意場上的一件物品，你有自己的思想，沒有人能左右你的選擇，這是我要告訴你的。」海倫說，「放心，我不會那麼沒有禮貌的指責你，更不會去和丹大吵大鬧，因為這是你的私人問題，請原諒，我不會站在你身邊和你一起解決這件事。婚姻裡不該有第三者，這是對愛和婚姻的最起碼的尊重，所以我給你一個月的時間去處理你的情感，請你認真思考一下我們生活裡的點點滴滴，如果你能徹底忘卻，那麼你就和丹一起生活，而我會從你的生活裡消失！現在請讓我冷靜一下，你可以暫時搬出去處理你自己的問題了，希望你回來的時候，我們家從此不會再發生一丁點類似的事件！」

最終，山姆走了，不過僅僅在一週後他就捧著一大束玫瑰花回來了。

相信很多人以為海倫知道丈夫和丹事後會與他大吵一架，並且哭訴指證他的忘恩負義，不過，讓人意外的是她只是禮貌地告訴山姆，是山姆出了問題，這個問題她完全不會為他分擔，能夠坦然讓山姆獨自去處理這件事，面對自己人生中的功課。

夫妻關係是非常特殊的一對社會關係，不過即使是再特殊的關係，也要遵循彼此尊重的原則，不要忘了該有的禮貌。也許有些人會覺得不可思議：「禮貌是給別人看的，跟自己的另一半還講什麼禮貌？是對方先破壞了婚姻的和諧，幹嘛還要給他留臉面？」殊不知禮貌是人際交往中一扇敞開的門，只有打開了這扇門，才有可能讓別人看到大門之後的美麗。如果，只是一味的關閉這扇門，任何人都不會想去欣賞。同理，任何人都不想給伴侶留下壞印象，都希望伴侶能欣賞自己，那麼為什麼不開啟禮貌之門，讓對方能欣賞到真正的自己呢？

Case B

王大牛的老婆是一家運動產品的業務經理，由於長年奔波勞累患得胃病，為此大牛費盡心思找那些養胃的食補方子。

有一次他煲好了養胃湯，想要給老婆一個驚喜。可是老婆當時還在電腦前整理檔案，大牛耐著性子催了幾次要她趁熱喝，但她還是緊盯著電腦沒反應。大牛心想到自己幾個小時的辛苦沒被重視，不由得心生怨氣，於是衝著老婆大聲道：「你怎麼還磨蹭啊？明明有胃病還不知道保養，當心得胃癌。」老婆聽了這話當即臉色就沉了下來，用不可置信的眼神看著自己的老公。當然，一頓爭吵又要不可避免的發生了。

本來是好心，卻換來一頓爭吵，大牛當然倍感委屈。造成這種局面的根源在於大牛不懂得婚姻中也是需要禮貌的，如果他溫柔一些，禮貌地規勸老婆：「你再忙一會就趕緊來喝湯吧，好嗎？你胃不好，我特地給你煲了湯，專門養胃的。工作一會再做也沒關係，可是湯涼了對養胃的作用就降低了，先喝了熱湯再工作精力會更好的……」想想看，如果大牛能這樣「動之以情，曉之以理」，那麼他的老婆還會與他吵嗎？我想，他的老婆除了感激，對大牛的愛也會立即升級，哪個女人不想要一個體貼疼愛自己的丈夫呢？

禮貌待人，和氣講話，對另一半說話溫柔，不要語中帶刺或者冷若冰霜，就能避免傷害感情。看看下面這兩組對話，你們更希望學習哪對戀人呢？

A組：

老公：欸，你聽見了嗎？下班時別忘了給小孩買奶粉！

妻子：你知不知道我今天事情很多呀？換你去買了啦！

老公：事多就不管小孩了？媽媽是這樣當的嗎？

妻子：奇怪耶，你好手好腳的，就不能自己去買喔！

B組：

老公：寶貝，你今天下班順路的話，可以幫孩子買罐回奶粉來嗎？

妻子：恩，我看看吧，有時間一定去買。

老公：我今天有好多事要做喔，你要是買回來，就省的我特地跑一趟了呢。

妻子：好啦，我知道了，放心，我一定買回來。

夫妻相處，由於太過親密，很容易忘掉人際中的「禮貌」二字。一開始可能彼此勉強容忍，時間久了，就會暴露出不耐煩，把對方當做洩氣的垃圾桶，毫不顧及顏面，結果傷人又害己。我相信很多戀人都希望選擇像B組那樣相敬如賓，因為他們的對話親切融洽，這才像是一對互相尊重的夫妻。那麼這兩組對話為什麼又會出現不一樣的結果呢？關鍵是老公的問話有禮，自然得到妻子客氣的回答。如果老公一副毫不客氣、頤指氣使的派頭，指揮妻子做這做那，認為妻子做什麼都是理所當然，她能不心煩嗎？做老婆的也一樣，只要禮貌的對自己的老公說話，並且不時來點小幽默，那麼家庭和諧也就不再是奢望了。

夫妻之間的衝突，多由小事引起，逐漸累積成大事，甚至導致分道揚鑣。所以，在日常生活中就要以禮待人，禮讓三分，是夫妻必修的婚姻幸福課。任何時候都不要粗魯、無禮地對待自己的另一半。婚後，人們很容易脫下禮讓的外衣，回歸真實的自己，很多人甚至認為結了婚就萬事大吉，從此沒有必要遮遮掩掩，因此大大咧咧，毫不在乎。然而，誰也不願意被粗魯無禮地對待。

想想看，有哪位客人到你家作客時，你會十分無禮粗魯地對待他？你絕不會隨便打斷他的話，對著他大嚷大叫：「天啊，你怎麼又說這種話！」你絕不會私自查看他的簡訊、網路留言，你絕不會當著他人的面斥責他。所以，相敬如賓，把對方當做客人一樣對待，放棄粗魯、無禮的語言，更不要破口大罵。

有位丈夫倍感傷心地說：「真是不明白，她為什麼常常為了一點雞毛蒜皮的小事就大發脾氣，我已經無法忍受了。」事實上，距離越近傷害越深，兩隻刺蝟抱著取暖，總會扎傷對方，只有離開適當的距離，既能體貼到對方，又要像對待朋友和客人一樣，謙讓有禮，才會保持夫妻間的良好關係。

☆道歉有技巧。

美國的一位公關專家曾說過：「學會道歉是一個重要的社會技能，真誠的道歉將會使人們感受到人與人之間最美好的情感。」愛情中，真誠地向愛人道歉，是明智之舉。但是，真誠道歉也要注意說話方式，否則就起不到道歉的效果。具體來說，我們可以從以下幾方面去做：

1、及時道歉。

道歉一定要及時，這樣可以最大限度地彌補自己的過失。如果因為某些原因不能馬上致歉，日後也要抓住機會，及時表示自己的歉意。

2、道歉的態度要真誠。

一位學者曾經說過：「在我最初的記憶中，母親對我講過，在向人道歉的時候，眼睛不要看著地上，要抬起頭，看著對方的眼睛。這樣對方才相信你是真誠的。」要想讓自己的道歉顯得真誠，就要有一個誠懇的態度。在道歉的時候，一定要用真摯的語氣，知錯的表情，充滿歉意地說一句：「對不起，我錯了，請原諒！」

3、光明正大地道歉。

道歉時不要像小偷似的躲躲閃閃，生怕別人看見自己道歉。道歉不是什麼丟人的事情，所以沒必要東躲西藏、扭扭捏捏的，光明正大地道歉更容易讓愛人感受到誠意。

4、道歉要實話實說。

向愛人道歉時，我們不要誇大其詞，一味將錯誤往自己身上攬，往自己臉上抹黑，這樣，對方不僅感受不到真誠，反而會覺得虛偽。其實，道歉時只要實話實說，告訴對方自己錯在哪裡即可。

3．停在「內心舒適區」最危險

情景設置

A、B夫妻

A：老公！幫我拿蘋果。

A：老公，我要優酪乳。

A：老公，你怎麼又把地弄髒了，快點擦一擦。

A：老公……

B：我受夠了，妳以為我是妳的奴隸啊！

A：……不是嗎？

人生短暫，關於一瞬間是多久沒有人能給出科學的定義，但是就在這一瞬間裡，生命的過程就完成，苦辣酸甜，百味人生。不過，舒適與否恐怕只有看當事人自己的衡量標準了，但是，我們都知道，對於人性裡惰性的那一面，我們不得不承認它給我們的感覺最舒適。也是這種最舒適的感覺可能就是造成我們對於人或是事而留下遺憾的原因之一。但是，如果人生只停留在一個舒適的環境下，那麼他根本就不會有任何作為。

Case A

瑪麗的丈夫是一家公司的總經理，總是在世界各地奔波，瑪麗是全職太太，兒子在台南的一家私立學校上學，兩個星期回來一次，且有個專職褓母照顧，所以瑪麗每天的生活除了健身美容外，就是和幾個朋友們喝茶聊聊天，其他的好像也沒什麼事情可做。

瑪麗其實很滿足自己的這種生活狀態，所以，總是有意無意的炫耀自己的舒適，大家也都很羨慕她。某天，有個朋友問起瑪麗的老公多久沒回家了，瑪麗竟然想不起來了，只說他反正有半月沒給她電話了。朋友提醒她，男人總不回家，別是在外面有人了吧？瑪麗輕蔑的一笑說：「他敢，妳別忘了，他那家公司，我父親可是占了很大股份的，他若是敢在外面胡來，他會很快變成窮光蛋，他會拿自己的前途開玩笑？」

那個朋友想了想覺得也有道理，她知道瑪麗的娘家可是在當地響噹噹的人物，當初瑪麗結婚時，娘家人還極力反對過，因為那個時候瑪麗的丈夫還僅僅是個小職員，皆因為跟瑪麗結婚才一步步高升，所以他是借了老婆的光，才有了今天的成就和地位，他怎麼敢冒風險背叛瑪麗？

可是沒過多久，瑪麗和另外一個朋友喝茶時，那個朋友開玩笑的對瑪麗講起了在某個派對上看到瑪麗的丈夫和一個年輕的女子很親密的樣子，瑪麗哈哈大笑說：「我知道，那是他們公司的秘書，那次派對他想帶我去玩，我才不去那種亂哄哄的地方，況且，那是個商務派對，又沒什麼好玩的，我對做生意的那套完全不感興趣，那種場合會把我悶壞的！」那個朋友笑了笑又勸瑪麗說，瑪麗應該去自己父親的公司鍛鍊一下，將來父親老了她能接父親的班，免得到時什麼也不懂讓別人算計了。

瑪麗聽了此話不置可否滿不在乎的對那個朋友說：「我現在的生活不好嗎？要錢有錢、要閒有閒，公司那邊有我老公一個人就夠了，我去了說不定還給他添麻煩，再說我對公司的一切都不懂，我懶的從頭學了，放著舒適的生活不要幹嘛非得給自己找事做呢！」那個朋友笑了笑什麼也沒說。

某天深夜，瑪麗接到了父親突發心臟病住院的消息，等瑪麗趕到醫院父親已經撒手人寰，瑪麗痛哭一場，人也一下子憔悴了。

父親的葬禮過後，丈夫理所當然接管了公司，成為了公司的總裁。丈夫升職沒幾天，就把那個秘書領回了家，更可氣的是他們還抱著一個兩歲大的女孩，丈夫說那是他和秘書的孩子，現在他雖不能給她們名分，但是必須把她們接回家，瑪麗要是不同意只有離婚了。

瑪麗有些傻眼，她按捺住心中的怒氣，讓丈夫滾蛋，可是丈夫扔給他一堆文件讓她看，那全是公司的內部資料，瑪麗什麼也看不懂。這時，他的丈夫用嘲諷的語氣說：「妳懂什麼，妳能做得了什麼？我也不是無情無意，妳只要同意她們倆回家，那妳還能像以前那樣風光的生活，不同意，就離婚！」

瑪麗心裡儘管有千般委屈萬般無奈，但也只能按照丈夫說的去做了，因為她深知自己現在去學習管理公司已經太晚了。

瑪麗雖說還像以前那樣閒散光鮮的生活著，只是她不再像以前那麼快樂了，她再也沒提起過怎樣的生活算是舒適，而是總在和朋友們抱怨自己，說要不是自己惰性心裡，哪裡會落得今天這個地步，這份惰性害了自己，也是自己一生中最大的遺憾。

瑪麗的家境很好，從小她都是衣來伸手、飯來張口，反正要什麼有什麼，在這種舒適的環境下，她還會去付出努力爭取嗎？瑪麗自己也安於這種舒適的生活狀態，但當這種狀態被破壞後，立刻就變得手足無措。以至於到了後來，只得接受他人安排的命運。如果當初瑪麗和丈夫一起參與公司的大小事務中，那麼也許瑪麗就不會是這樣的下場了。

人生苦短，但這個苦短的過程若是不能努力地去完善，勢必會給自己帶來遺憾。生活不會一帆風順，只有童話中的公主和王子才能享受著永恆的歡樂。現實生活總是充滿挑戰，有樂趣就有痛苦，但是如果安於一種看起來非常舒適的現狀，那麼對於未知的變數你就會缺乏應對能力。

俄國著名的物理學家說過這樣一句話：「平靜的湖面練不出精悍的水手；安逸的環境造不出時代的偉人。」我們的人生在某個階段，可能會有一段很舒適安逸的生活。如果沉迷於這種表面上的安逸和舒適，舉步不前，那麼勢必會從各方面都落後一截，時過境遷以後再想趕上，就要付出加倍的代價，甚至要遺憾終生。

Case | B

很久以前，鳥王國裡面有一隻長著漂亮羽毛，歌聲嘹亮動聽的鳥，牠的名字叫寒號鳥。

每一天，當太陽升起的時候，別的鳥兒們都在辛勤勞動，可是牠只會站在枝頭，賣弄自己美麗的羽毛和嘹亮歌喉，牠總是在唱：「別人不如我！別人沒有舒適的好生活！」

有好心的鳥兒提醒牠：「別閒著了，快去找個背風的地方去建個窩吧，要不冬天來了你怎麼辦啊？」可是每次別的鳥這樣勸告牠，寒號鳥總是滿不在乎地說：「我們離冬天還早著呢，你們真傻，為什麼不趁著這陽光明媚的大好時光盡情玩樂呢？這才是舒適的生活呢！」勸牠的那隻鳥搖搖頭歎口氣飛走了。

直到有一天寒風吹起來了，鳥兒們都回到了自己溫暖的窩裡，只有寒號鳥還站在枝頭瑟瑟發抖，就這樣牠還沒忘展示牠的歌聲：「哆嗦嗦，哆嗦嗦啊，大風凍死我了，明天就建窩啊，明天就建窩！」

沒想到隔天太陽一出來又是暖洋洋的，寒號鳥忘記了昨夜的痛苦，牠又快樂地站在枝頭高歌：「你們不如我，你們不如我，你們沒有舒適的好生活！」

又有一隻鳥飛過來對牠說：「別唱了，你忘了受凍的滋味了？趕緊去修建窩吧！」寒號鳥不屑一顧的撇了一眼那隻鳥：「哼，不懂得享受的傢夥！」

反覆幾次，再也沒有鳥兒願意和牠說話了。

黑夜很快就來了，凜冽的寒風夾雜著雪花不斷吹打寒號鳥，牠再也唱不出歌聲了，就那樣凍死在枝頭了。

每個今天都很重要，千萬不要被惰性心理所給予的舒適迷惑了眼睛。不能像寒號鳥一樣讓舒適的感覺而左右，把今天該完成的事推到明天，要知道：「明日復明日明日何其多，我生待明日，萬事成蹉跎！」

夫妻間的關係亦是如此，如果兩個人之間一方一味的付出，一方一味的索取，那麼在日常的交流時，就容易踏入對方的雷區，所以，千萬不要認為有時候可以肆無忌憚的與對方說話，因為在自己心中的安全區域和對方的很可能不一樣，這就會很容易造成夫妻間感情的傷害，所以，停留在自認為的安全區域還是很危險的啊！

☆給批評裹上一層「糖衣」。

1、面對面地說批評話。

這樣做的好處是，對方能非常清楚地瞭解我們的批評意圖和態度，同時也有助於增進彼此的瞭解。如果讓第三者將批評之語傳給對方，資訊很容易失真，可能會產生不必要的誤會，甚至是爭吵。

2、少用「你」字開頭。

仔細想想當時的心情，我們就會發現，這種以「你」字開頭的批評讓我們很不舒服。

3、批評不能太婉轉。

有的人擔心太直白地批評，會被視為尖酸，所以他們在批評對方時，會過分地斟酌用語。這樣的話雖然聽著不逆耳，但會讓對方聽得雲裡霧裡，甚至覺得反感，達不到批評的目的。

4、只批當前事。

很多人都有這樣一個通病：總是關注別人的缺點、短處時，下意識地將其優點、長處遮罩。這種通病還會出現「併發症」，即別人一旦犯了錯誤，他們馬上就會想起這個人的歷史問題，然後將新賬老賬一併算了。這種翻舊賬的做法是批評中的大忌，會讓受訓者很反感。

5、批評別帶人身攻擊。

批評對方時，我們不能對人不對事，更不能用含有人身攻擊的話語。「惡語傷人恨難消」，一旦傷害了同事的自尊心，他就可能產生難以化解的敵對心理，從此與我們結下樑子，水火不容。

4．告訴對方「你／妳真好」

情景設置

A、B夫妻——

A：老公，你真好！

B：寶貝，妳的好跟我還差那麼一點點……

A：……

有人說：「讚美，是撒向心靈的陽光雨露。」**良好的溝通會讓夫妻情感更加深厚**。夫妻在溝通時，讚美對方是向對方傳達心意的最好的方法，表達的是你的信任和情感，化解的是你有意無意間與愛人形成的隔閡和摩擦。所以說，讚美是夫妻間不可少的溝通手段，而抱怨和嘮叨則是夫妻情感的最大殺手。

有人認為，生活中女人比男人更喜歡抱怨，如果女人每天不停在男人耳邊嘮叨抱怨，那麼即便她有著天使的臉蛋、魔鬼的身材和顯赫的身家地位，也會讓男人落荒而逃、退避三舍。

事實上，女人比男人更愛用抱怨的方式把鬱積在心中的不良情緒發洩出來。可是作為他的妻子，如果每天在老公面前抱怨不止，這樣只會引起他的反感，讓他越來越沒耐心聽妳訴說，而你們的感情也會在抱怨中一點點消磨殆盡，所以，當女人內心不平想要嘮叨的時候，先弄清那些事情值不值得妳以犧牲夫妻感情的方式去抱怨。

如何讓家庭和諧夫妻恩愛，這也一直是大家關心和探討的話題。有人說夫妻關係即簡單又複雜，這是因為在這個關係裡還存在愛情。基於這種思想，那麼如何和愛人相處就成為了大家都關心的事。我們都知道人無完人，再好的愛人也有缺點，那麼我們究竟該怎樣做才能和伴侶相處融洽呢？對愛人那些缺點是抱怨還是讚美呢？有沒有讓夫妻之間的生活全面和諧的秘訣呢？我個人認為每對伴侶相處的模式是不一樣的，這些都要靠我們在生活中的點滴去尋找。

Case A

小櫻的老公阿慶老實又守本分，待人誠懇又顧家又有責任心。鄰居們都誇讚阿慶人好，但在小櫻眼裡卻不是那樣，只要阿慶有點小事，她就嘮叨個沒完，不是抱怨阿慶賺錢少，就是嫌棄他不夠聰明。

阿慶是個開計程車的司機，有天下午，他滿頭大汗地跑回家，向小櫻要錢。小櫻問：「出什麼事了？」阿慶說有個人抱著孩子坐他的車子去看病，結果那人帶的錢不夠，他就回家拿點錢墊上，等給孩子看完病再回家把錢還他。

這把小櫻氣壞了，直接就數落阿慶：「你傻子啊，就你心眼好？現在騙子那麼多，誰知道她會不會騙你？」一句話就讓阿慶啞口無言，原來不久前，阿慶把一個客人送到地點，那人讓阿慶等一會，說進去拿車錢，結果阿慶等到天黑也沒見那人出來。為此小櫻抱怨了很久。

「可是人家帶著孩子看病不像騙子，再說幫人一下，我們也損失不了什麼啊！」阿慶小聲爭辯道。

「騙子腦門上又沒刻字，就你相信好人多！你就賺這點錢，給了人家我們連飯也吃不上了！有本事你去做個慈善機構啊，說你傻還不愛聽，你不傻怎麼賺不來錢？」

一向老實的阿慶臉漲得通紅，他什麼話也沒說轉身就走了。

小櫻追去喊：「你走，你走了就再別回這個家！」

類似的抱怨吵鬧又發生了幾次，阿慶回到家不是眉頭緊鎖就是悶悶不樂，小櫻感覺阿慶和她不再那麼親近了，話都不願和她講，這讓她苦悶不已，只好時常地給好朋友打電話訴說一下自己的煩惱。

某天，小櫻的知心好友來了，神秘兮兮地對小櫻說，她看到阿慶和一個女人，還帶著孩子，很親密的樣子，妳要小心了，免得被人把老公搶走。

「不會吧！」小櫻懷疑地問朋友。

「怎麼不會，那個女人對阿慶好極了，她還給阿慶倒水、擦汗來著呢！」

小櫻這下傻眼了，對朋友哭訴道：「我怎麼也想不明白，阿慶其貌不揚又沒錢，怎麼也想不到他外面也有了女人，他有什麼能吸引人的啊？」

朋友問她：「阿慶在你眼裡這麼一無是處，那妳肯定是捨得跟他離婚了？」

「妳說我哪方面不如他？當初要不是覺得他人品好又善良，我才不會跟他在一起呢！他這麼做那裡對得起我啊？可要是離婚，我真捨不得，他的優點是別的男人身上沒有的，他顧家疼我愛孩子，如果離婚，妳讓我去那裡找這麼好的人呢？」

朋友笑了：「別緊張啦，我騙妳的，就妳家阿慶這樣的人品，是不會在外面胡來，那是我編出來騙妳的，但是妳一定要對阿慶好些，妳聽我的，阿慶不是沒有責任心的男人，妳只要改變一下對他的方式，別老是讓他聽到嘮叨和抱怨，那麼他的心肯定會回到妳身邊！」

朋友走後小櫻思考了很久，然後就按朋友說的去做了，每次阿慶回來，她都會微笑著端上一杯水，體貼地遞過一條毛巾，當阿慶和她講自己做過的小事時，她都能找到適當的話借機讚揚幾句，結果可想而知，他們的夫妻關係改善了很多。

一句讚美會讓夫妻關係融洽，人的心理都是願意接受表揚的，聰明的女人不會透過抱怨和嘮叨使丈夫厭煩，相反，她們能夠讓別人也注意到丈夫的長處，還能把丈夫的缺點減低到最低限度。她們善於稱讚自己的丈夫，誇耀丈夫的優點。上面故事裡的小櫻，開始時總在抱怨嘮叨，結果她的丈夫阿慶還是沒任何改變，而家裡的氣氛也不再愉快，不過，經過朋友的點撥，她及時的做了改變，於是，家又回到了充滿溫暖、溫馨美滿的狀態。

世間為什麼有爭論，這是人們看待事物的角度不同，當你抱怨他不拘小節粗心大意時，為什麼不換個角度重新審視一下對方呢？你也許會發現對方率真開朗隨和易處，當你抱怨對方冥頑不化，也許對方做事有恆心和毅力。上帝對人是公平的，他給一個人許多缺點的同時，也會給他相對多的優點。所以，你想要對方展現出優點，同時就得容忍對方的缺點。想要抱怨對方的時候，先讓腦筋轉個彎，多想想對方好的那面，自然就會釋然了。

還有個有趣的現象，成年人和小孩子一樣，有一個共同的傾向，那就是他們會按照外界所強加的性格去模仿，如果你不斷讚美你的愛人，那麼你會驚喜地發現對方會慢慢地以你所說的標準來要求自己而越來越優秀。

其實我們每次對愛人的稱讚，都是對他或她的一種鼓勵，這比直接「教訓」的效果要好很多。夫妻雙方要學會看到對方細微的改變，學會發現對方有所改變的細節，並給予肯定和讚美而不是抱怨，這時男女雙方就會覺得自己付出是值得的，同時他們會更願意繼續去努力。

讚美是一種有效的感情投資，有付出就會有回報。對於上司適當的讚美，能使上司的心情愉悅，對你越是重視。給予同事的讚美，能夠聯絡感情，在工作中更加愉快。對於下屬的讚美，你會贏得下屬的敬重，激發下屬的工作熱情和創作精神，對合作夥伴的讚美則會贏得更多的合作機會，獲取更多的利潤。對伴侶的讚美，會讓你的家庭幸福美滿，洋溢著和諧的氣氛，生活中無論何處，讚美的確重要。

當聽到你的伴侶說：「有你真好，能跟你在一起是我的驕傲，和你生活很幸福」類似的讚美時，體會一下內心的歡愉吧！反之，如果你的伴侶動不動就抱怨：「我當初瞎了眼，怎麼會跟你這樣的人在一起！」我相信，無論是誰，不管他有多麼大的修養，內心的反感也是隱藏不住的。那麼是讚美還是抱怨，相信聰明的你已經知道怎麼做了。

☆請學會說「你是對的」。

研究發現，任何一個人都有一種被人注意、被人認同的心理。瞭解了這一心理，在人際關係中，讓自己學會習慣說「你是對的」，是你成為一個人際關係大師的必修課之一。

1、做一個懂得贊同別人的人。

有人喜歡與人「抬槓（意指各執一詞，互相爭辯、鬥口。）」，在抬槓中，他們才能體會一種成就感，殊不知，時間一長，才發現自己朋友越來越少。在社交場合，一定要改變思維，學會發現別人的長處，養成一種喜歡贊同別人的思維習慣。

2、用語言來表達你的贊同。

真誠的贊同不僅僅是點頭，還應該是有語言的認可與肯定。比如「我非常同意你的看法。」「是的，的確如此。」這樣才是自己贊同的態度更為徹底。

3、爭論往往是徒勞無益的。

當別人錯誤時，就不能贊同對方了，但是不贊同不代表要直接說出：「不，你是錯誤的。」這樣往往會陷入是非的爭論之中。應該找一個更加委婉、對方更容易接受的方式來勸導對方。

5．附和的辯證法

情景設置

A、B（夫妻），C（朋友）——

A：C，上次有人送我一盒好茶，咱們一起品嘗品嘗啊……

C：好啊，還有人送你茶，混得不錯哈……

B：……老公，茶不是你自己買的嗎？

A、C：……

從字意上講『附和』這倆字的含義，是指毫無主見的鸚鵡學舌，人云亦云。我們生活中，有關附和的事多不勝舉，上至達官顯貴，下至平民老百姓，都在不同程度的附和，已經屬於見怪不怪的地步了，這種『附和』在很大程度上是一種從眾心理，或者是為了達到某種目的換來好處的一種手段和技巧。這種人每天權衡利弊得失，算計輸贏成敗。但我們今天說的這個『附和』是夫妻間的，這種『附和』和其他利益無關，這種『附和』是要讓別人覺得舒服，愜意，甚至羨慕。

其實要想成為婚姻裡一個好的「附和者」也不是很簡單就能做到的，首先她必須會察言觀色，揣摩別人的心理，什麼時機去附和，附和時該用那種方式，是點頭還是給對方微笑等等，所以說，婚姻裡面的附和也有很難掌控的分寸和意義。

Case A

浩林和慧心結婚五年了，由於浩林的小公司剛起步，整天忙碌著跑業務，原本幸福的小家庭很久都找不到了新婚時的甜蜜。但慧心從不說委屈，雖然自己的工作也很忙，但她盡力做著一個好妻子的角色。唯一不順意的事就是兩個人還租房子住。

其實這幾年夫妻倆也賺得了一些錢，可是由於浩林執意要開自己的公司，而把家裡所有的錢都投入了進去。對此慧心毫無怨言，甚至辭退了原本收入頗豐的工作全力支持丈夫。浩林對妻子所做的犧牲卻是並不領情，總想試圖說服慧心別參與公司的事務。可慧心知道丈夫不大善於交際，又怕丈夫禁不起生意場上的挫折，不放心他一個人打拼，也拗著性子要進老公的公司。慧心知道老公和自己的感情深厚，他是怕自己跟著操心奔波，勞累吃苦，但她覺得自己何嘗不是這樣為老公想。為此兩人經常有爭執，當然這爭執全是只有夫妻倆獨處的時候。

慧心的父母心疼唯一的女兒，於是拿出畢生的積蓄，給女兒在這個大都市買了一處地段也好，又是全款交付的大房子。

按照習俗，搬了新家就要舉辦入宅宴，浩林夫妻也不例外，把親朋好友全部請來聚在一起，在這個城市裡一家小有名氣的飯店請吃入宅宴。

寒暄過後，大家就開始敬酒，浩林平時是滴酒不沾，可今天他是男主人的身分，不得已只好硬著頭皮喝了。不勝酒力的浩林隨著幾杯酒下肚，舌頭就有些硬了。有個生意場上的朋友故意端著酒來敬浩林，浩林哪裡喝過這麼多的酒，於是結結巴巴的推辭，言語間那個朋友就有些不高興，說：「別人敬你酒喝了，到我這怎麼就不給面子呢？」

慧心趕緊走過來看了一眼老公，浩林一臉尷尬，慧心對他微微一笑，隨後熱情的招呼那個朋友說：「我老公啊喝幾杯酒就算多了，你可不知道，回到家躺倒床上胃就疼，有時候還喝到胃出血都送醫院了，耽誤事情不說還把身體搞壞了，來，我替他喝了！」然後端過那杯酒和朋友碰了杯酒喝乾了。

朋友也不再糾纏喝酒了，隨即轉移話題：「慧心，聽說妳辭去了A財團的工作，去和浩林做事了？為什麼啊，妳那份高薪的工作讓多少人羨慕啊！如果浩林這邊做不好的話，起碼你們衣食無憂啊！」

慧心笑了說：「那份工作雖好，但是幫別人打工，不如給自己老公做事啊，而且我老公可是最好的潛力股，我要不抓住將來我可是損失慘重啊！呵呵！」隨即慧心就把話題轉移到了最近浩林正和那個朋友談的一樁業務上，沒想到兩人越說越投機，談話之間就敲定了這筆業務。

自從舉辦入宅宴後，浩林看到了慧心的長處，不管去任何場合都會把妻子帶在身邊，而慧心更是善解人意，不論老公在業務上說過什麼過頭的話，她都能輕巧的化解，為浩林爭了不少面子。慢慢地老公的公司走入了正軌，老公的心也和她貼的更近了，幾乎到了一眼看不到老婆就緊張的地步。而他們的公司第一年就有了讓人眼紅的利潤，賺了錢的浩林趕緊把岳父母接到這個大城市，一家人其樂融融。

夫唱婦隨的原意是古代社會妻子必須服從與丈夫，後來就比喻夫妻間和睦相處。上面這則故事裡的慧心其實和我們身邊很多女子很相似，不同的是有些女子結婚了，就覺得是找到了長期飯票，全憑男人去打拼養活自己，男人要是忙得顧不到自己了，還無端地心生怨恨，到處訴說男人的不是，全然忘了他不賺錢怎能為妳提供好的物質生活，累死累活的打拼為了什麼。

可慧心不是，她選擇捨棄自己的工作，帶著理解和包容，和老公一起打拚，同甘共苦。而做丈夫的也心存感激，更加愛護、照顧妻子，兩人自然能夠夫唱婦隨，做一對人間仙侶了。這樣的互相配合，是不是比一味的單方面附和更有意義呢？

夫唱婦隨，還有一個意思是，不要在無關緊要的小事上爭執。

Case B

星期天，丈夫依然在電腦遊戲前玩，妻子洗衣擦地，嘴裡不停的抱怨丈夫就只知道玩遊戲，家裡什麼事情也不做，忘了今天的結婚紀念日不說，現在人也不懂得情調和浪漫。丈夫依然充耳不聞。

當妻子擦地擦到丈夫腳下時，丈夫忽然說：「親愛的別動，等一下！」妻子抬頭望向丈夫，原來丈夫正聚精會神地盯著電腦和怪獸大戰。

妻子看了一會忍不住對丈夫說，「從右面攻，這樣好打，右面才是它的弱點。」丈夫聽話，只兩下就殺了那個怪獸，滿臉興奮的丈夫拉過妻子親了一下，然後站起身，接過妻子的的拖把，邊擦地邊和妻子說，「妳真厲害，那咱的結婚紀念日，我們就在家裡享受燭光宴，一會兒我去準備。對了，明天我還要帶妳出去玩，景點我都查好了。」

妻子聽後會心的笑了，她想不到自己只不過是附和了一下丈夫的興趣，結果卻收到了這麼好的效果！

丈夫玩線上遊戲只是一個小興趣，並沒有影響正常的工作生活。如果此時妻子揪住丈夫的耳朵，硬把他從電腦前拉起來，不僅指責，還破口大罵，那麼還能享受到燭光晚餐嗎？或許丈夫還會因妳打斷了他的遊戲興趣，遷怒於妳，摔門而去，那麼妳只能在家自己生悶氣。

親密關係是要經營的，要明白，想要什麼樣的伴侶，得靠自己慢慢引導和感化，誰願意讓最初的激情化為平淡呢？有時不妨放輕鬆一點，一點小聰明、小體貼就能得到自己想要的浪漫和情調。

☆言簡意賅的談話技巧

1、思維要清晰。

2、豐富辭彙庫。

福樓拜曾告誡人們：「任何事物都只有一個名詞來稱呼，只有一個動詞標誌它的動作，只有一個形容詞來形容它。如果講話者辭彙貧乏，說話時即使搜腸刮肚，也絕不會有精彩的談吐。」因此，豐富辭彙庫也是讓自己言簡意賅的有效途徑。

3、抓住主題說話。

4、學會長話短說。

要做到這一點，就要學會刪繁、長話短說，用簡單的詞語和俐落的句子讓對方明白自己要表達的意思。

6．打腫臉也要充面子

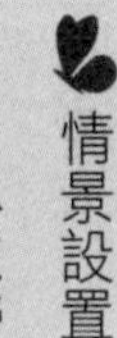
情景設置

A（主婦）、B（主婦）、C（B老公）——

A：我老公居然罵我……這日子沒辦法過了……妳老公對妳真好……

B：嗯……嗯，是，男人不應該欺負女人的……

（B回家）

C：……妳又跑到哪裡去了？也不做飯！#@#%……

常言說：「人無臉不活，樹無皮得死」，也就是說，人活一輩子把臉面看作是最重要的東西，為了這個面子，我們有時會把自己的一切都賠上了。因為在生活裡存在太多的誘惑和責任，因此就會有太多的挫折和委屈，甚至很多人正在為之承受著各種迷茫和痛苦的煎熬，而在失敗面前，為了面子，還要和內心的脆弱做激烈的鬥爭，為了面子，在別人的面前還更要假裝堅強。

我們身邊有許多都是把面子問題看得很重的人，在夫妻關係中，尤其是男人更好面子，暫且不論他是身分顯赫或是平民百姓，還是身高偉岸或矮小自卑，在別人面前都很在乎自己的形象，為此他們會不惜一切代價去保住自己的面子。

所謂面子不面子，其實說白了就是想證明給別人看自己是個很有能力、很有用的人，無論什麼事情都可以託付給自己。這類男人都覺得自己就是能頭頂著天，腳踏著地，是個響噹噹的人物，為了面子，他們可以毫無怨言累死累活的去奮鬥，要得到人們的讚賞和羨慕。他們心裡頭往往想的是：「頭可斷，血可流，面子絕對不能丟」。

而對於夫妻雙方來說，女人能否給自己裝門面掙面子是男人最在意的事。如果女人們沒弄明白男人的這點心思卻處處和男人們作對，那麼這樣的婚姻也是毫無幸福可言的。

聰明的女人知道何時何地給足自家男人面子，讓自家男人在他人面前風光十足，哪怕回家讓他跪著擦地板他也是毫無怨言的。可是有的女人卻不懂男人的這點心理，總覺得男人就是要寵著自己，要疼愛自己，這樣在親朋好友面前才能彰顯幸福，殊不知，男人是最在意妻子是否能在他人面前讓自己臉面風光，不讓自己處在尷尬之地，他們認為這才是婚姻裡面最重要的，和他們的「面子」相比，女人再怎麼美若天仙，或是嬌小可人，他們也會把妳拋到九霄雲外。

大多男人都會認為不管人前人後，面子最重要。

Case A

阿良和美華吵架了，甚至都鬧到了離婚的地步，以前的他們可是一對恩愛夫妻，阿良對妻子千依百順是有目共睹的，所以現在大家都很不明白一向把美華當成寶貝的阿良究竟為何會和美華吵架。

原來阿良有個要好的同學從國外回來了，打算邀請阿良和另外幾個同學在臺北的大飯店聚會。阿良聽到這個消息非常高興，可是聚會的日期恰好定在了美華要回高雄娘家的那一天。於是阿良就和妻子美華商量，能否過些天再去高雄，這位同學大老遠回來了，於情於理，都應該要出席。

美華聽了後，一百個不高興，說阿良不守承諾。因為美華早就和他定好那一天要去高雄市看望美華的父母，他們的同學聚會又沒和她說過，而是突然臨時決定。美華為此堅決不同意延期去高雄。阿良左求右哄下，美華才勉強答應延期一天，可是夜深了也不見阿良回家來。美華越想越來氣，心想：「你個阿良，竟敢這麼晚不回家了！」一生氣之下，就給阿良的同學打了電話。

開始時，那個同學們還客氣的和美華解釋阿良為沒回家的原因，直到美華的話越來越刻薄，甚至直接數落起了阿良的種種不是，尷尬之下，那個同學只好把電話給了阿良，聽到是阿良為聲音後，美華更是不客氣的張嘴就罵。這下阿良的面子再也掛不住了，張嘴就說：「我這麼不好，那咱們就離婚吧！妳該找誰找誰去！」。

美華嚇呆了，她怎麼也不相信這麼傷感情的話，會從這個對她寵愛有加，唯命是從的阿良嘴裡說出來的。以前也是不高興了就會罵阿良幾句，阿良也總是樂呵呵的來哄自己，為什麼這次他竟然敢反抗呢？還用「離婚」這麼嚴重的字眼來傷害她。

其實美華觸犯的是男人的大忌，在家裡，男人可以任妳撒嬌、任妳使性子，那是因為關起門來沒人看得見，可是在外人面前他絕對不會允許妳那麼做的，因為他會覺得妳不給他面子，而遷怒於妳。為了所謂的面子他們會和妳爭吵，為了避免這些不必要的爭吵讓婚姻失去和諧，聰明的女人就要在說話前注意以下這兩點：

一、千萬不能在有他人的情況下批評妳的男人，無論他錯得多麼離譜，等他回到家裡，關上房門慢慢地教訓他，這時男人多半乖乖地任妳數落，這時的他不是三歲的孩童，對什麼話似懂非懂，若是在妳的教訓中他一聲不吭，這說明他已經知道自己的錯誤了，因此妳要適可而止，既要讓他知道妳的厲害，同時也得給他留點面子。

二、千萬不能在男人面前顯示妳比他有能力，而給別人他不如妳的感覺，哪怕他的確事事不如妳做的好。畢竟，大多數男人都會認為自己是強大的，妳的依賴性，或甘心做他的附屬品的姿態，會讓他很有成就感。

俗話說：男人要的是寵，女人要的是哄，這話不是沒有道理的。作為他的女人妳不僅不能損傷他的面子，還得要利用他在乎面子的這個弱點，不時的在別人面前稱讚他，讓他的優點在妳這裡放大很多倍，他就會高興的認為，自己就是那個頂天立地的男子漢。當他在妳面前吹噓自己時，妳一定要隨聲附和，正所謂夫要唱婦得隨，這樣他一定會更加愛妳。

男人春風得意之時，想要的是自己那個女人的讚揚，在受到打擊和挫折的時候，也最需要自己的女人給予理解和支持。女人若是不給男人面子，而是帶有「羞辱性」的責備和行為時，男人會因此擺脫一貫的受辱狀態，甚至還會產生暴虐心態，這樣下去遲早會造成不幸。

女人的言行端莊、談吐高雅是一個男人的幸事，因為一個微笑或一個眼神都能給足男人面子，**聰明的女人知道在什麼場合下該說什麼樣的話**，這樣既給男人掙了面子也為自己掙了面子，何樂而不為呢？

當然，其實女人也是講究面子的，但是人們評定一個女人是否有面子的時候，大多是來自她嫁了個什麼樣的男人，取決於她征服了什麼樣的一個男人。

我們都知道英國王妃戴安娜和查理斯王子的故事。戴安娜是童話中現代版的灰姑娘，有多少女人羨慕她，說她有面子，皆因為戴安娜嫁的不是一般人，她的面子是來自查理斯的皇家身分。童話裡王子和灰姑娘以一句「他們終於結婚了，從此以後過著幸福快樂的生活！」為結束語之後就沒了下文，因為說童話的人明白，**婚姻生活裡的瑣碎，是孩子們不會懂的**。

那麼，拋開王子與公主的童話故事，在現實中女人該怎樣在人前為自己賺得面子呢？

Case B

當年，那個輕漂亮的陸文斯基（Monica Lewinsky）進駐白宮後，人們對這個充滿朝氣的年輕女孩喜愛有加，誰也不會想到，就是這個女孩子會給日後的白宮造成那麼大的麻煩，讓當時的總統會因為她，而一度遭到彈劾的危機。

在柯林頓和陸文斯基的性醜聞曝光後，他的妻子希拉蕊曾在接受採訪時說：「我從沒懷疑過丈夫對我的愛，也從未動搖過對整個家庭的承諾，儘管我很沮喪甚至失望，但我一定要冷靜下來想清楚，對我以及我的家庭來說什麼樣的選擇是最正確的！」

後來，又有好多女人給希拉蕊寫信，問她將如何面對自己丈夫的不忠時，她又說：「每個人的故事不同，妳只要做到忠實於自己，我不能把自己的判斷強加給妳，對妳來說忠於自己是正確的！眾所周知，我的婚姻經歷了嚴峻的考驗，很高興我的決定，我從不認為我對這場婚姻投入有什麼不妥！」

這就是希拉蕊的聰明之處，在柯林頓的性醜聞以及被彈劾的危機鬧得沸沸揚揚的時候，她很沉靜的面對所有人，不管是嘲笑她的還是為她擔心的，她沒有亂了心態，還是一如既往的支持柯林頓，她知道自己不僅是一個男人的妻子，更是美國的第一夫人，正是她的大度與顧全大局才了給柯林頓面子又為自己贏得了面子。

男人們或多或少都會有一些涉及到男女方面的隱私，大多數女人會認為他的這些隱私是對自己的不忠，也是對婚姻的不重視，所以她們會嚴加防範，從而引發一些激烈的爭吵，甚至醋意大發，到處去訴說自己男人的種種不是，還有的撕破臉皮，大哭大鬧，就是為了讓他在人們面前丟盡臉面，讓所有的人來看看他的真面目、漸漸嘲諷他，孤立他，殊不知這樣無形中已經給自己的婚姻埋下了危機的種子，長久下去，男人不跑才怪。

試想，他既然是那麼不堪的男人，妳卻選擇了他做丈夫，他哪裡還有面子呢？記住，人前人後總是給男人面子，其實就等於是給自己面子。

打腫臉也要充面子，妳會在婚姻中獲得更多。

☆人人都有「不能說的秘密」

一位人際關係專家說過：「保護自己的隱私，僅僅依靠人與人之間的信任，和道德的約束是遠遠不夠的。」在生活中，我們盡量不要與他人談有關隱私的話題；不要在工作電腦中儲存個人私密照片、影片等，在網路等發佈文章時要謹慎一些。小心駛得萬年船，防範工作做得好，我們的船才能行駛得平穩一些。

第六篇

都是「說」好的

事實勝於雄辯。其實，一切都可以說「好」。

1．動聽聲音動人心

情景設置

A、B——

A：我不喜歡和C說話！

B：嗯……嗯，為什麼呢？

A：因為他嗓音像鴨子一樣！

B：……他現在是我男朋友！

語言大師卡內基說過：「與他人進行有效的交談，並且贏得他們的合作，這是那些嚮往成功的人們應該努力培養的一種能力。」**想要贏得別人的合作，就要打動別人的心**。如何能夠順利地打動別人的心呢？其實說起來並不是很難，只要有一種動聽的聲音。這種聲音不單單指我們說話的聲音，更指我們的措辭語言、表達方式。

記得有科學家曾經做過這樣一個實驗：找兩個人，每天對其中一個人不斷地鼓勵、讚揚，對他說好聽話給；每天對另外一個人粗暴地說話，批評他做的任何事情。實驗的結果是：那個每天聽好聽話的人，更容易接受他人的意見，而那個每天挨批評的人，也會同樣用粗暴地方式打斷他人，從而很難接受別人的意見。

動聽的聲音才會打動人！不要吝惜自己的「甜言蜜語」，更不要在工作的時候把自己不滿的情緒發洩在語言上。如果想要打動別人，不管處在什麼樣的環境、心情之下，都要讓自己在面對別人的時候，把聲音和語言調整到最好，甚至我們可以「肆無忌憚」地說些好聽的話，人家喜歡什麼我們就說什麼，人家對什麼感興趣我們就提什麼，**投其所好，才能得我們所要的**！

這不是教你要心機，在我們說「好聽話」，用「動聽」的聲音去打動別人的時候，切記要保持一顆真誠的心，最好不要表面一套背地裡另一套，嘴上說得天花亂墜，而心裡卻恨對方恨到要死，當然除非你的表演技能非常好，讓人從你的表情中看不出破綻來。這裡我們要提醒大家，準備打動別人之前一定要先說服自己，發自內心地讚揚對方、打動對方，才能更愉快地與之交往。

Case A

子昂是一位大學生，專業是城市規劃，他對於城市的規劃有一個很偉大的構想，而且他設計的規劃圖還曾經在比賽中獲獎，評審們也都很認同他的這些構想，並給予很高的評價。

子昂在即將畢業的時候，興致勃勃地拿著自己的獲獎規劃圖去各個公司找工作，他一直覺得以自己的學習成績找到一份好工作是沒問題的，可是接連幾天面試下來，他卻有一種深深的挫敗感。原因在於，他並不是一個善於表達的人，他說的話總讓人感覺蒼白無力，既打動不了別人，也得不到別人的認同，即使他拿著自己那張曾經獲過獎的設計圖也無濟於事。

子昂無法用適當的技巧來描述自己的作品，也無法給主考官說出一個美好的未來計畫，他的語言蒼白，說話詞不達意，談話沒有任何技巧，這就是他事業的絆腳石。他曾經躊躇滿志地幻想自己在城市規劃上做出一個很好的成績，可是讓他萬萬沒想到的是，在第一關語言上，他就成了一個失敗者。

我們不是在危言聳聽，動聽的聲音才能打動人心是一個很明顯的道理。**古人云：一人之辯，重於九鼎之寶，三寸之舌，強於百萬之師**。我們聽別人講話，對方跟我們說一些開心的事情，或是誇獎、或是恭維，我們自然會聽得渾身舒服、喜笑顏開，而有人跟我們惡語相對，我們當然也不甘示弱，當然會立刻反駁。

無論是在平時的工作中、生活中，我們在不同的場合要與不同的人溝通交流，需要盡可能地說一些動聽的話，才能在最短的時間中引起對方的興趣，掌握對方的心思，打動對方的心靈。因此在我們說話的時候，把話說得既明白又得體，既出色又到位，打動別人，我們才能更進一步和對方順利地交談。

有位科學家曾經說過：說話的能力是成名的捷徑。它能使人顯赫，鶴立雞群。能言善辯的人，往往使人尊敬，受到愛戴，得人擁護。它使一個人的才學充分拓展，熠熠生輝，事半功倍，業績卓著。善於表達，用動聽的話打動人心，無論走到哪裡在什麼情況中，你都可以成為一個掌握談話主動權的人，都可以贏得別人的好感。把話說得好聽，說得漂亮，說得感人，說得讓人舒服，把要表達的好意、意見甚至不滿和埋怨用適當的方式表達出來，往往容易把事情辦得順利圓滿。

當然沒有多少人天生就會說好聽話、天生一副伶牙俐齒，能言善道。很多人不太善於說話，遇到問題不知道該如何使用語言，如何讓自己的意思更好表達出去，使別人更好地接受自己的話。這就需要我們在平時的生活中不斷地鍛鍊和努力。我們要多多觀察別人的行為、舉止，多揣摩一下對方的心理想法，瞭解別人對待一件事的感覺。一般來說，可以順著他的話說，沿著對方的喜好說話。從某種方面來說，我們說話不要太過耿直，不要太過誠實，不要太過直接，更不要故弄玄虛，那樣只會招人討厭，讓人聽不下去你說的話，更別說接受你的意見或建議了。

當我們說話時，應該先讓別人覺得我們是坦誠的、坦率的，但又不過於直接而袒露，我們要多讚揚對方的優點，但千萬別去用「肉麻」的話奉承，而且我們要把自己的語言表現得非常得體。

傷害感情的話最好少說，或者不說，即使非說不可，也要注意措辭，適當換成溫柔一點的詞語，就更能避免尷尬的局面。其次，我們的談話最好充滿了幽默，或者充滿哲理，或者充滿激情，我們要對弱者表示理解和同情，給予他們精神上的支持。對強者要充滿了讚揚和激勵，讓強者因為我們的支持而自豪。對跟我們一樣普通的朋友、親人說話，要充滿了溫暖和關愛，讓他們的耳朵像聽音樂一樣享受我們的語言。

大貪官和珅是如何獲得乾隆皇帝獨寵幾十年的？在很大程度上就是因為他說出的話非常動聽，容易打動皇帝。

Case B

據說和珅還是一個小官的時候，跟隨乾隆出巡，和珅當時只是跟著乾隆的轎子一邊伺候，這時乾隆在轎子中閱讀一份文件，文件中說有個很重要的犯人逃跑了。乾隆看了很不高興，隨口道：「虎兕出於柙」。這是《論語》中的句子，意思是兇猛的老虎從籠子裡跑出來了。

其他隨從人員並不知道這是什麼意思，當然不知道該如何插話。和珅讀書甚好，他說道：「爺謂典守者不得辭其責耳。」這讓乾隆開始注意到和珅，隨即就問和珅有沒有讀過書，問他出身於什麼樣的家世，問他的年齡等等。

和珅抓住機會，把話說得非常中聽，讓乾隆聽了覺得舒服，於是才引起了乾隆更多的關注，再一看，和珅是一個儀表堂堂、舉止典雅、英俊不凡的人，他的聲音又洪亮又清晰又悅耳，便對他十分讚賞。從那以後，和珅便以自己的聰明才智，和無與倫比的口才博得了皇上的歡心，成為朝中第一重臣。

當然，這跟他平時善於把話說得動聽悅耳是有很大關係的。說話，是讓別人認識自己最重要的一步，和珅走好了這非常重要的一步，從此飛黃騰達。其實，我們每個人都有一雙機靈的耳朵，能夠分辨好聽的和不好聽聲音，當我們聽到動聽的話時，我們自然會對說話的人刮目相看，也比較容易被他的話打動。所以，在我們說話的時候，要盡量讓**說出的話變得悅耳動聽**，從心底裡征服對方，才能更好地打動對方，不費力氣地實現自己的目的。

☆好聽的話要這樣說：

1、語速一定要適中，快慢結合。

較快的語速一般是用來表達急切、興奮或者震怒等突發性感情，爆發力比較強。與人對話，如果語速過快，會使對方產生亢奮或者緊張的心理。

不僅如此，過快的語速還會阻礙交流的順利進行，往往一句話還沒有說完，對方還沒來得及理解消化，就連珠炮似的跳到了下一句，這樣會使對方不能很好地領悟你所要傳達的意思，不利於雙方溝通交流。

另外，說話語速過快，容易給他人留下一種心浮氣躁、不夠沉穩的形象。

當然，語速過慢也是不合適的。雖然緩慢的語速、慢條斯理的節奏可以讓對方清晰地領悟理解你的話中意，但是過慢的語速往往會影響到對方談話的興致，不利於交流愉快地進行。

所以，與人交流時，要麼簡明扼要，要麼直奔主題，不要過於慢條斯理，因為有些時候，慢就意味著沒有效率，很容易讓人產生懈怠的感覺。

最好的語速就是不緊不慢，快慢交替，做到快中有慢、慢中有快、快而不亂、慢而不拖、抑揚頓挫、張弛有度。

2、音量要保持適中。

不管你是要試圖說服對方接受你的意見，還是想讓對方將注意力轉移到你的身上，你都不應該通過大喊大叫來達到目的。如果你這樣做，不僅會給對方一種咄咄逼人的感覺，顯得你很沒有素質，而且會讓你的形象大打折扣。

由此可見，自信、令人愉悅的聲音並不是通過大嗓門、高分貝來實現的，而是應該保持在一個平衡度上，既能夠保證讓對方聽到，又能讓對方聽得進去。

3、內心要確立堅定的信念，言語鏗鏘有力。

有些朋友說話軟弱無力、毫無底氣，給人精神萎靡、消極自卑的印象。這樣的人，往往內心虛弱，意志不堅定。而一個具有堅定意志和信念的人，說話絕對不會軟弱無力、閃爍其詞。要想自信地與他人交談，優化自身形象，朋友們一定要堅定自己的信念。

4、說話聲調的高低要富有變動性。

在與人交流的時候，我們最常提及的內容就是個人的興趣愛好以及最近關注的事情。說到這些的時候，有些人難免會興高采烈、神采飛揚，甚至還可能情緒失控。這顯然是失禮的做法。其實，在傳達自己的想法時，不必非要喜形於色。正確的做法應該是盡量控制自己的表情，不要得意忘形，應學會用抑揚頓挫的聲調來表達自己的興趣和熱情，準確無誤地來表達你不斷變化的情緒。

5、說話的聲音高低要適量。

尖銳刺耳要不得，容易刺激人的神經導致神經過度緊張，同樣，過於低沉粗重的聲音也不可取，容易麻痺人的神經。

6、說話的聲音要力求和諧優美。

有些朋友本身音質還不錯，但是一旦情緒激動或者發起脾氣，聲音就會變得尖銳刺耳。這種聲音無異於雜訊污染。為了不損壞自身的形象，朋友們在任何場合都應該控制好情緒，說話聲音要力求和諧優美。

2．如何開口決定你是什麼樣的人

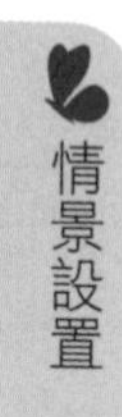

情景設置

A、B——

A：我那天去××商城買……

B：哦！哦！××商城我常去！

A：我買了一件洋裝……

B：洋裝？那裡的洋裝不好看啦！

A：關你什麼事？

B：……

有的人一開口就能讓別人瞬間判斷出是什麼樣的人，或睿智幽默，或沉穩狡詐，或粗鄙不堪，或謹小慎微，或瀟灑豪邁。其實，**不要害怕自己一開口會給別人留下不好的印象**，**想留給別人什麼印象就可以偏重說什麼樣的話**。比如說你想給人謙遜有禮的印象，那麼如果你一張嘴會說出市井粗俗之話，那麼給別人留下的印象就可想而知；如果你想留給別人自信勇敢的印象，那麼你也絕對不會張嘴就說：「我怎麼辦啊，這如何是好啊！」所以說，如何開口就能決定你是一個什麼樣的人。

Case A

一個人因為失去工作變得非常落魄，他打電話向兩個朋友求助，而他的兩個朋友面對他的請求，是像下文那樣回答他的，在此我們假設，如果是你，面對這樣的回答，你會選擇相信哪一個朋友。

朋友甲：「你好，很久不見了你還好嗎？你聲音都憔悴了，最近壓力很大吧？一定要注意身體啊，有時間打電話給我，我請你去喝茶，還是以前我們常去的那間餐廳，那裡環境很好你喜歡的。你找工作的事情我一定會幫你忙的，你的能力我最清楚了！我們是好朋友別跟我這麼客氣，等我好消息吧！」

朋友乙：「哎呀你死哪兒去了，好長時間看不見你了，我還以為你掛了！你怎麼憔悴成這樣？看看你那落魄的樣子，還在到處找工作呀？你怎麼混到這地步了，以前的你可風光著呢！得了得了，別跟我囉嗦了，我有時間再幫你看看有什麼工作適合你吧！」

其實，不難看出的是朋友甲的話非常貼心，讓人感覺心頭一熱，原來朋友還記掛著我，並沒有忘記我。朋友甲的話讓人覺得他一定是個非常有涵養的人，對待朋友非常真誠、客氣，如果讓你給朋友甲做一個人像拼圖，我想你應該會把他拼成一個彬彬有禮的紳士，臉上帶著真誠的微笑，身上穿著整齊而漂亮的禮服，典雅高貴。

而朋友乙的話卻句句直指人心裡的脆弱，即便是他無意識這樣說，也讓人感覺到他看不起別人，用盡刻薄的語言在奚落別人，落井下石。如果讓你給朋友乙做一個人像拼圖，你應該會把他拼成一個的粗俗不堪的男人，臉上帶著鄙夷的神色，身上的衣著非常邋遢，一無是處。可見，開口能決定一個人是否有涵養，是否會受到別人的歡迎。

Case B

偉德是公司人事部門的一個主管，他經常會參加各種各樣的徵才活動，公司中無論需要經理、文書員還是工讀生、技術員、工人等等都要經過他的考試。他見過很多人，從他們一開口說話，就能知道他們是什麼樣的性格，對應徵的工作是不是適合。

在一次徵才活動中，同時來面試的人中有幾個大學生和幾個技術人員。他在接待第一位大學生的時候，讓他進行自我介紹，這位大學生首先用一種洪亮的聲音和他問好，他的聲音鏗鏘有力，說話清晰圓潤，臉上的表情也比較豐富。他這樣介紹自己：「我叫×××，是學電腦管理的，今年剛畢業。雖然我沒有太多工作經驗，但是我的優點是：學習能力、接受能力快，我從小在農村長大，很多農活都會做，也因此養成了吃苦耐勞的性格。我覺得貴公司這份工作非常適合我，希望您能給我一次機會！」

他的介紹簡單而樸實，卻能夠讓人感覺到一種堅定的力量。偉德對這個大學生的印象非常好，也透過其他的談話判定他是一個性格直爽、人品正直、具有責任感的人，於是優先選定了他。

下一位進來面試的也是一位大學生，他給人的感覺就非常不一樣。他自我介紹的時候非常緊張，說話的聲音也很小，讓人一看就對他有種不信任的感覺：「你……好，我叫×××，來自××大學，電腦管理系畢業。我實習過幾個月，對電腦的硬體和軟體都還算瞭解。我來應徵電腦技術員的工作。」偉德讓他說說自己的特長和愛好，他竟然躊躇了半天也沒有說清楚自己到底擅長什麼、喜歡什麼。偉德對他的印象透過他的語言、形態、表情等等判定他是一個內向的害羞的人，做事比較小心翼翼，不擅長交流，於是在心裡就對他沒好印象。

徵才活動結束後，偉德選擇的就是那位說話俐落乾脆的大學生。後來觀察他在公司裡的各種表現，的確都比較讓人滿意的。

在職場上，開口說話就代表了你的身分、性格，讓人在最短的時間裡可以認識你是一個什麼樣的人，這是是否能給人留下良好印象的關鍵。所以我們在開口說話的時候一定要認真而謹慎，說話之前要把語言組織一下，尋找一些好的詞語和方式把要表達的意思表達出來，說話的時候聲音要洪亮、清晰，不要吱吱唔唔或者硬邦邦、軟綿綿的，讓人從聲音上就不喜歡你。說出來的話不要有氣無力、不要虛假、不要囉囉嗦嗦、更不要帶著譏諷等意味，只要我們把事情描述地清楚明白、簡單樸實，我們的話自然可以讓人欣喜。

☆「說」出好印象

1、開口前面帶笑容。

一個微笑可以讓人瞬間對你產生好感，上揚的嘴角可以幫助你說出的話變得更加動聽。我們要在說話的時候注意一下自己的笑容，一個溫暖的微笑是理性談話最好的開始。

2、說話的聲音要清晰、洪亮、有力。

在我們說話時，注意聲音不要嗲聲嗲氣，也別硬邦邦像塊木頭，更不要大聲嚷嚷好像跟別人爭辯、吵架一般。雖然說有些人天生說話細聲細氣，有些人天生嗓門粗大，無論什麼情況，我們都要謹記，要控制好自己的聲音，才可以用聲音先打動別人的耳朵。

3、所謂禮多人不怪，說話也一樣。

誰不願意聽好話呢？適當的讚揚、恭維甚至拍馬屁都可以讓聽者開懷。即使我們需要和一個陌生人說話，我們也可以盡量客氣一些，開場白生動一些，誇讚對方的好氣色、好狀態、好妝容、好氣質，或者談一談共同關心的什麼話題。這時候不一定需要你出口成章，但一定要你多說好聽的。

4、表情也重要。

誰也不願意跟一塊木頭說話，如果別人跟你提起什麼事情，他更願意你總會表現出或者吃驚、或者欣喜、或者錯愕、或者興奮的表情，因為你的表情是對他人談話的的最好回應，適當的表情會使對方覺得你在認真傾聽他的談話，並有所回應，這是起碼的尊重。如果，別人和你說什麼話，你都是一副漠不關心的表情，得不到回應，那以後誰還願意和你對話呢？

5、適當的肢體語言。

說話的時候，笑容和各種生動的表情都可以幫助我們給他人留下好的印象，而適當的肢體語言，也同樣會發揮出良好的作用，談到開心時的手舞足蹈，談到無奈時的攤開雙手……這樣的肢體動作會促進談話雙方愉快的互動與溝通。

歸根究柢，我們要讓自己的態度謙遜而客氣，讓自己的笑容熱情而溫暖，讓自己的表情生動而適當，加上一點可愛的肢體語言，一定會吸引別人的注意，讓別人覺得和你談話真的是一件很高興的事情。當然我們拒絕做作、扭捏，不要讓誇張的動作嚇壞人家。不過，最重要的是大家平時一定要多觀察多聯繫，相信你很快就能變成一個一開口就受人歡迎的人！

3．「我」與「我們」

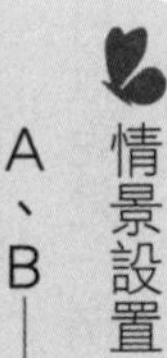
情景設置

A、B——

A：我要去旅遊！

B：那我們一起去吧！

A：我說我要去旅遊！

B：……

一個人是「我」，兩個人以上的人在一起就是「我們。」

一個我是單身，兩個「我」組合在一起就會是一個團隊，這兩個「我」將會變成一個整體，就是「我們」。

「我」變成「我們」有什麼好處呢？拿家庭來說，一個「我」的薪水加上另一個「我」的薪水，「我們」的薪水將會是每一個「我」的兩倍。「我們」會擁有更多的幸福、快樂，擁有更多的力量，擁有更多的安全感和信任感，擁有更多的親戚朋友，這個「我們」比起一個孤零零的「我」來說，的確變得更加美妙了。

用一個很老氣但很貼切的比喻來說明「我們」比之於「我」的好處：就像一根筷子很容易被折斷，而一捆筷子卻是折不斷的。所以要記得，想要凝聚「我們」的力量，很多時候就要敞開胸襟，在面對一些榮譽、獎勵等等的時候，記得也把「我」變成「我們」。

法國作家雨果曾經說過這樣一句話：「比大海更廣闊的是天空，比天空更廣闊的是人的心胸。」而我們華人也有句俗語說：「宰相肚裡能撐船」，這句話也是說人的心胸廣闊。所以，何不把「我」說成「我們」呢？

Case A

體育明星麥可．喬丹在公牛隊的時候，公牛隊有一個最有希望超越喬丹的新人皮彭，皮彭可以說是一個新秀，他時常對喬丹有種不屑的表情，總是對他的話不屑一顧。有時候為了表示自己的不滿，皮彭還經常說喬丹在某方面沒有自己好，說自己遲早有一天會超越喬丹。而喬丹面對皮彭的敵意時，卻沒有表現出任何不滿，反而還經常鼓勵皮彭。

有一次喬丹問皮彭說：「我們倆三分球誰投得好？」皮彭哼道：「你明知故問，當然是你了！」眾所周知，喬丹的三分球成功率是百分之二十八點六，而皮彭的成功率是百分之二十六點四，不用問皮彭也知道自己的技術在喬丹之下，雖然他對此很不服氣。

沒想到喬丹卻微笑著糾正皮彭：「不，是你！你投三分球的動作規範、自然，很有天賦。你以後一定會投得更好。而我投三分球還有很多弱點。我扣籃多用右手，習慣性地用左手幫一下，而你卻左右手都行。」

喬丹的這些話讓皮彭非常吃驚，甚至在以前他自己都沒有注意到自己這樣的細節。從這以後皮彭為喬丹廣闊的胸襟所感動，他們成為了一對好朋友。當然皮彭後來也確實超越了喬丹，而正是由於喬丹廣闊的胸襟，把「我」變成「我們」，才讓公牛隊兩大主力有如此的凝聚力，創造了一個又一個驚人的神話。

把「我」變成「我們」，不僅能夠更大的能量，還能讓人與人之間消除隔閡變得更緊密。

愛咪跟里達是一對交往中的情侶，他們在大學的聯誼活動中相識，日久生情，成為了情侶。畢業後各自順利找到滿意的工作。朋友們都認為，不出意外的話，愛咪和里達不久就會步入結婚禮堂。

愛咪是個單純的小女生，喜歡撒嬌，有點任性，卻不失可愛，她常常跟里達談論自己的小心願：「將來我的家要有大大的衣帽間，分春夏秋冬四區，掛滿了各式各樣美麗的衣服。還要留一面牆搭上精緻的擱板放鞋子。對了對了，我的衣帽間裡還要有一個歐式貴妃塌，上面有著小毯子，我試衣服試累了可以躺一會兒……」

「年假去馬爾地夫好不好？我要穿著蘋果綠的紗裙在海邊拍美美的照片，我還要嘗遍那裡鮮美的海鮮。還有還有，滑水、衝浪、帆板這些我全部都要嘗試……」

里達聽了很多年，起初還沒什麼感覺，近年來卻越來越不開心。那天他終於忍不住口氣僵冷地問愛咪：「妳總說妳要這樣、妳要那樣，彷彿妳是妳，我是我，是兩條永不相交的平行線，到底什麼時候妳心裡才會有『我們』？」

愛咪當然很愛里達，她的每一個心願，其實都是想和里達共同完成的。只是每當說到興奮處，她那小女生獨有的浪漫本性便顯現出來，常常忘記提到里達。後來，愛咪記得把自己的心願和想法變成「我們」的，里達漸漸覺得愛咪越來越愛他，終於在某個動人的情人節向愛咪求婚。其實愛咪沒有變，變的只是兩個人，兩個字，感情的走向便大不相同了。

所以，在你下次說話時，不妨把「我」換成「我們」！

☆交流始於寒暄。

1、寒暄要熱情真誠。

寒暄時選擇好話語是很重要的，但這是建立在真誠熱情的基礎之上的。只有將兩者有效地結合起來，才能營造良好的談話氛圍。試想：當別人面色冰冷地對我們說「見到你真高興」時，我們一定不會有愉悅的心情；當別人用輕視鄙夷的口氣，對我們說「聽他們說，你很有工作能力」時，我們心中一定會感到不快；當別人帶著誇張的表情，對我們說「久聞您的大名，如雷貫耳，今日得見，果然不同凡響，能和你說幾句話，我真是三生有幸」時，我們一定會覺得他很虛偽。

己所不欲，勿施於人，我們寒暄時，一定要充滿熱情、語氣真誠、表情自然，避免粗言鄙語和誇張的奉承話。

2、寒暄要貼心。

交際心理學家認為：「恰當的寒暄能夠使雙方產生一種認同心理，使一方被另一方的感情所同化，體現著人們在交際中的親和要求。這種親和需求在融洽的氣氛的推動下逐漸昇華，從而順利地達到交際目的。」因此，寒暄時多考慮對方的感受，可以營造良好的交談氛圍。

3、寒暄要因人而異。

在社交場合，因為男女有別、長幼有序，以及熟悉程度不同，所以寒暄的語氣、用語也應有所不同。

通常情況下，跟初次見面的人寒暄，比較正式的說法是：「你好！很高興能認識你。」要想隨便一些，可以說：「我常聽XX說起你，今天終於有機會見面了。」「我在一次產品交流會上見過你，但沒機會和你交流，今天咱們可以好好聊一聊。」等。

如果是與熟人寒暄，就可以說得親切一點，比如：「好久沒見，你在哪發財呢？」「又見面了，我覺得你的臉色不錯，是不是有什麼喜事啊？」「你這身衣服不錯，在哪買的？是我們經常去的那家店嗎？」等。

如果是與上司、前輩寒暄，用語就要尊重一些，比如：「張總，您好，您的氣色不錯。」「黃前輩，您好，我正有問題想向您請教，希望您能多多指點。」等。

寒暄也要注意地域性，比如，如果男性對西方女性寒暄：「你的身材真棒！」「你今天看上去很有魅力！」她會很高興，並會很禮貌回答「謝謝」。但如果在中國女性面前這樣寒暄，就可能讓其有防備心理，可能還會造成誤解。

4．不要讓運氣卡住

情景設置

A、B——

A：我希望上天能保佑我中大獎，從此改變我困頓的生活……

B：那你為什麼不去找份工作呢？這樣更實際一點！

A：別開玩笑了！我只有中大獎的運氣，找工作？還是算了吧！

B：……

運氣有好也有壞，有的人做生意發了大財，別人會羨慕地說：「他怎麼會有那麼好的好運氣啊！」可是當他若是某天走在平坦的大路上，還不知道為什麼摔斷了骨頭，那別人肯定就會說：「嘖嘖，這人運氣怎麼那麼差呢？這樣的路上都能摔倒！」

其實，運氣這個東西有時候是能把握的，比如說那位做生意發了財是因為很有遠見、為人誠懇又踏踏實實埋頭苦幹，而摔倒的那天則是因為又談成了一樁大生意高興喝了點酒，在加上平時的奔波勞累，沒注意身體的保養，以至於自己已經有了骨質疏鬆都不知道，才在酒精的作用下摔了一跤跌斷了骨頭。那你說他的運氣是好還是壞呢？其實，好運氣也罷，壞運氣也罷，**我們都不要讓「運氣」這個東西來卡住**！

很多人都信「運氣」，如同香港的一個電影中所演，一個天生「霉運」的人，早上起床就要看自己的風水，根據五行挑選適合自己顏色的衣服和手機，在屋子裡擺滿了陣法希望自己能夠轉運。結果她依然出門滾下樓梯，坐車遭搶劫，上班遲到，客戶上門被同事搶走。她總是埋怨自己的運氣不好，做什麼事都不專心，最專心的事情就是去找風水大師求神問卜。她完全把自己的命運交給了「運氣」，什麼事情都緊緊抓住「運氣」的好壞來決定，而忘了那句非常經典的話「命運掌握在自己的手中」。

Case A

我有一個朋友運氣很好，無論是上學還是工作都是一帆風順的。上學的時候大家都在學習，大腦總像不夠用似的，可是每次看他學習都感覺好輕鬆，把書本看過一遍就出去打籃球了，回頭考試人家還是能考進前三名。那些用功用腦的人始終進不了前三名，總是排在四五名上下。

考大學的時候他也是很順利，一下子就考中了自己喜歡的大學，選擇了一個當時很炙手可熱的專業，讓旁人羨慕不已。那些學習刻苦的人，考試成績卻並不那麼如人意，為了挑選學校絞盡腦汁。

不過，他的運氣並不如我們想像的那麼長壽，上大學之後競爭異常激烈，他也便顯得不是那麼突出了。在感情問題上他也沒有延續自己慣有的「好運」，原來他偷偷喜歡上了一個漂亮的女同學，好不容易鼓足勇氣表白後，卻被拒絕的不留一絲餘地，從那以後，老天爺似乎有意和他作對，凡是他喜歡上的女孩子都不喜歡他，凡是喜歡他的女孩子都讓他很反感。一直到大學畢業，他始終在感情問題上很糾結，因為一直處理不好自己的感情問題，也曾一度頹廢，差點連畢業證書都沒拿到。

另一個朋友最近的「運氣」特別不好，整個人看起來都很萎靡，以前精神奕奕的他，現在總是垂頭喪氣，好像一個小老頭。究其原因是他在工作中丟了很大一筆生意，因此遭到了老闆的白眼。其實那筆生意他其實可能拿到，只怪當時自己運氣不好，拿錯了給客人的資料，結果失敗告終。老闆因此非常生氣，扣了他很多薪水。

禍不單行，他剛買的股票在第二天竟然暴跌，等他忍痛割捨拋售之後，過了一陣子那股票竟然又漲起來了。生氣的他，出門叫車，半路車壞。等候公車，等了將近一個小時才發現自己站錯了站牌。快到家的時候發現自己沒帶鑰匙，只好又返回公司拿鑰匙。再次回家的路上，天上下起了暴雨，他在雨中站了很久都沒有叫到車。等他狼狽地回家時，發現原來家裡的門並沒有鎖好，他不用鑰匙也能進去。

「運氣這麼糟糕，我該怎麼辦？有沒有辦法讓我的運氣變得好一點，我真的快被壞運氣折磨瘋了！如果這樣下去，我以後連門都不敢出了，什麼事也做不好的！」他抓狂地抓著自己的頭髮，連連歎氣，樣子憔悴極了。

其實很多時候，我們把生活中、工作中平時遇到的問題都看得太重，放大了來看，就好像在一個呼啦圈裡放幾個乒乓球，它們代表壞運氣，互相不會觸碰到，但如果放幾個籃球進去，這幾個壞運氣就緊緊地挨在一起。

我們的確有「運氣」不太好的時候，壞運氣讓你的工作、生活產生不順的感覺，但可千萬不要因為壞運氣的出現，而徹底否定所有的東西，它們不過是人生一種生活表現而已，並不值得為此過於揪心。

當然，如果你相信「運氣」可以左右你的生活，那我告訴你一種能夠「轉運」的辦法，多按照這種辦法去做，你會發現你的「運氣」會逐漸變好，人會變得輕鬆很多。

調整心態，從內心中將所有壞運氣趕走。幸運的人通常會保持一種較為輕鬆的心態，它們更願意嘗試新的事物。

有時候相信直覺會給你帶來好運氣。

那些我們認為幸運的人會一直存有實現心願的希望，並強烈希望好運氣能一直相伴。如果一個人每天花幾分鐘時間想想當天發生的愉快的事情，就會覺得自己一直有好運相伴。積極的心態會像磁石一樣，吸引著好運到來。即使最後的結果是不盡人意的，也認為這樣已經很幸運了。要記住事情本來有可能會變得更糟。

這幾條辦法非常靈驗，它們來自一位偉大的心理學家，他的名字叫理查·懷斯曼。懷斯曼博士是英國赫特福德大學久負盛名的社會心理學教授，他用很長時間，去研究人們的日常行為對各自生活和人生軌跡產生的影響，也就是說，他用很多年來研究的問題是——人類的什麼行為和幸運有關，什麼行為又讓人們和原本應該發生的好事失之交臂。在他一本非常著名的著作中提到「**幸運不是魔法，也不是上帝賜予的禮物。幸運與否，是由你的思想和行為指向決定的**」。

他曾說，幸運因素百分之九十取決於自身，機率因素不過只占了百分之十。那些「幸運」的人，他們覺醒，他們靈敏，他們不吝嗇嘗試，他們更加歡迎機會和新鮮事物的出現和發生。如果幸運就是整天在正確的時間出現在正確的地方，或者是在正確的地方作對了正確的事情，那麼所謂正確——都是取決與思想和觀念是否在一個謂之「正確」的領域裡。

根據這幾條法則，我的那位朋友如果能這樣想：幸虧失去的只是一份訂單而不是自己那收入豐厚的工作；老闆只是扣了他的一些薪水，還好不是扣完所有；股票投資風險太大，雖然自己拋錯了有了很多損失，可是這讓自己記住，將來一定要沉住氣，耐心等待好的時機；叫的計程車雖然半路壞了，可是因為半路壞了司機並沒有讓自己付錢；站錯了公車站，幸虧跟別人打聽了一下，不然豈不是要站到天黑？雖然沒帶鑰匙，又忘了鎖門，小偷並沒有來光顧，也算是躲過一劫。想來想去，自己雖然「運氣」不是太好，但「幸運」還是存在的，而且壞運氣如同天氣一般，來回變換，不會長久待在自己身上。更何況自己身上還會有「好運」的出現，以後自己再也不會被壞運氣卡住了！

☆傾聽的技巧

1、正確的禮儀舉止。

專注傾聽對方的話，要注意用眼光很自然地注視著對方，身體要端正，不要做一些附加的動作，如東張西望，打哈欠，挖鼻孔，掏耳朵等。沒有人會願意自己在說話時，對方表現出一副心不在焉的神態來。

2、適時提出問題。

當對方在談到某一觀點時，你適當地提出一些問題，如「這究竟是怎麼一回事？」對方會很歡喜地認為你在認真地聽他講話。

3、切忌打斷對方。

別人在說話時，不應該打斷別人，發表自己的意見，應該等到別人的話結束時再說。否則，別人會有不被尊重的感覺，甚至會很不滿地提醒你，讓他把話說完。這樣就非常尷尬了。

4、以恰當的身體語言回應對方。

對方在說話時，自己應該不時地以點頭、微笑，或者幾句恰到好處的補充作為對談話內容的回應。比如，當你贊成對方時應適當地點頭，認可對方談話的內容，讓對方認為你正在認真地聽。

5、尊重對方談的話題。

無論對方的話題你多麼不感興趣，你都應該認真聽對方把話說完。然後，再以一個合適的理由岔開對方的話題。

6、適時加入一些新話題。

如果從頭至尾一直安靜地聽下去，會顯得說話氣氛不夠活潑。因此，可以在適當的時候，引入一些相關的話題，比如「你剛剛說到電子資訊設備，那你能不能再給我說說感測器又是怎麼一回事呢？」

7、注意傾聽弦外之音。

很多時候，對方在談話時都會有弦外之音，這些弦外之音就隱藏在對方的語調、語言、身體動作、面部表情之中，所以，一個聰明的傾聽者應該善於觀察講述者的這些細節。

8、不要直接表示反對。

很多時候對方找的只是一個傾聽物件，而不是一個談話物件。因此，即便你不同意對方的看法，也不應該直截了當地表示反對，而應該設身處地地為對方著想，多體諒對方。

5．送給說話直率的人

情景設置

A、B、C——

A：B，妳瘦啦！漂亮了很多呢！

B：哪裡哪裡，還是那樣啦……呵呵呵……

C：拜託，A，她明明變胖了！B妳趕快減肥啊！

B：……

一個小孩上學的時候總被同學嘲笑頭很大，他非常沮喪地回家問媽媽：「很多同學說我的頭很大很醜，是不是這樣媽媽？」

「不會啊，你的頭一點也不大！」媽媽在廚房忙碌著，她安慰自己的孩子，然後說，「我正在做飯，孩子，你幫我去超市買二斤黃豆回來吧。」

「好啊，裝黃豆的袋子在哪裡？」

「用你的大帽子就能裝下了。」

這則笑話裡的媽媽雖然哄騙自己的孩子，頭沒有別人說的那麼大，但是最後說的話卻很直接，讓自己的孩子用帽子裝那三斤黃豆，非常好笑。如果我問你，你喜歡說話比較直的人，還是喜歡說話委婉的人，很多人第一反應可能會選擇「說話比較直的人」，然後總結出很多理由：比如說話比較直的人一般性格都很直爽，有什麼說什麼，有事情不會藏著，在背地裡說人壞話，所以不用防他們有什麼壞心眼。

可是，雖然說話直有千般萬般的好處，但是，時間長了大家就會覺得，**跟說話比較直的人在一起實在是有點累**，即使是好意也讓人聽著不舒服，他們太直接地指出你的缺點和他們的看法，卻一點面子也不給你留，很容易讓人陷入尷尬的地步，有時候確實讓人抓狂。

大家都知道「良藥苦口利於病，忠言逆耳利於行」，忠言如果毫無顧忌直接地說出來，總是有些對不住我們的耳朵的。

而說話委婉的人，最懂得掌握一些說話的技巧，當他們和你說一些問題的時候，能夠透過有技巧的談話，讓你明白他的心意，同時也能照顧你的感受，讓大家不至於那麼尷尬，當然，跟這樣的朋友在一起總有如沐春風的感覺。

說話委婉的人，能夠把不中聽的話說得不是那麼讓人難以接受，把那些帶著尖刺的語言用一種柔和的方式表達出來。委婉說話比之於直接說話的最大好處在於，聽的人不會被逆耳的話當場激怒，或者心裡留下什麼陰影，相反，他們會比較順利地接受你的意見或者建議。

Case A

小葉剛工作不久，有很多事情還不習慣，所以他在整理資料的時候經常會犯些小錯誤，一個和他搭檔的同事雖然總是好心地指點他，可是這個同事說話卻讓人有些接受不了，小葉為此很苦惱。

實話說，被同事「指點」的時候，小葉總是覺得面子上掛不住，想要發火又不好意思發，可是不發火心裡又難受。於是幾次下來，小葉開始迴避跟這個同事在一起工作，漸漸疏遠他。對他的態度也不像以前那麼尊重了。即使他說的什麼話是對的，小葉也不願意立刻照著他的話去做。

有一次小葉把出入貨記錄記錯了，幾個人忙了一上午清點的庫房記錄完全搞亂了，原本可以輕鬆一下的午飯時間，只好用來重新進行清點登記。大家都對小葉不懂記錄卻不問大家的工作態度表示不滿，而那個說話直接的同事拿著出入貨記錄本說：「小葉，入貨記錄在前面，出貨記錄在後面，你用用心就能看清楚！這些記錄格子都是文字標明的，你好歹也是一個大學生，怎麼連這種簡單的事情也做錯？以前我們這裡的記錄員高中畢業，都沒出過錯，你大學是不是白上了？你剛工作不懂怎麼記錄，為什麼不問問我們呢？」

小葉害大家中午不能休息本來就很內疚了，在這位同事一番「太直接」的指點之下，真是又羞又愧，眼淚差點都掉下來了，同事越指點他怎麼做記錄，他腦袋裡就越一片空白，一肚子都是氣。後來索性乾脆跟這個同事作對，根本無視他的指揮，兩人的關係越處越緊張。那位同事也是一肚子火，不斷地說小葉笨，小葉氣得幾乎跟他吵起來。

小葉的另一個同事看他們兩人氣氛有些尷尬，連忙過來打圓場：「小葉畢竟還年輕，咱們誰年輕的時候沒犯過錯誤呢？這幾天工作比較忙大家都很累，小葉又是第一次接觸出入貨記錄本，搞錯了也是可以理解的。我們大家多幫忙一些就沒事了。不過我相信，小葉這麼聰明，我們給他一些時間，以後他應該不會犯這些小錯誤了！」

小葉感激涕零地看著這個說話委婉的同事，因為他的話給了小葉一個臺階下，既安慰了內疚的小葉，又鼓勵了他。這種委婉的和藹的談話幫小葉解了圍。其實，他和那個說話直的人其實是一樣的，兩人都是想要幫助小葉，但是說話直接的人卻在不經意之間把小葉得罪了，因為那種太直接的語言實在讓人無法接受。而說話委婉的人不但能把自己的意思表達出來，而且能讓對方更好地接受自己的意見。

可見兩種方式的效果的確有著天壤之別。從那以後小葉經常向這位同事請教工作的事情，也跟他成了好朋友，工作上也有了很大的進步。

俗話說：良言一句寒冬暖，惡語傷人六月寒。很多時候說話太直的人說出來的並不是「惡語」，但卻能夠像「惡語」一樣讓人心裡不舒服。有些話太直接地說出來，會讓人沒有一點餘地可留，在特定的氣氛和環境之下對方會覺得十分尷尬。即使說話的人是好意，這種太直接的話也讓人難以接受。

很多人都希望別人對自己說話要中肯，可是說得很直接的「中肯的話」會把談話的氣氛搞得很僵，讓人不太好接著話說下去，如果誠懇地接受對方太直接的批評，那豈不是要顏面盡失？如果被對方說得怒火中燒要發脾氣，可是一想人家說的事情是對的，自己確實在某些地方做的不對，這樣的話想要認錯不是，想要翻臉也不是，既領會不到說話人的一番好意，又憋了一肚子氣沒處發洩，真不知道該怎麼辦。

會說話也是一種技巧，會說話的人善於察言觀色，用詞委婉，語氣也比較平和，即使是批評別人，也會盡量照顧人家的心情感受，話不會說得太死，讓人下不了臺，心裡無法接受自己的批評。同時也會讓別人心悅誠服地接受自己的批評，從而更好地改正缺點，雙方都很容易達到目的。

Case B

女孩剛結婚沒多久，跟公婆住在一起。她從小嬌生慣養不會做飯，但口味卻很挑剔。剛結婚幾天都是婆婆做飯，婆婆家飯菜的味道比自己家裡要清淡許多，她吃了兩次感覺非常不滿意，於是婆婆再次開飯的時候，這女孩舉著筷子不肯夾菜，說：「媽，妳做的菜也太難吃了吧，一點味道也沒有！妳總是捨不得放油，我們家又不缺那點油錢！我爸說炒菜要多放些油才會香啦！我爸超會做菜的，哪天讓他教教你好了哈哈哈！」

女孩的婆婆一聽這話，心裡彆扭極了！想想自己從早到晚一天三頓不辭辛苦地去買菜、洗菜、做菜，兒媳婦喜歡吃什麼她都盡量滿足，結果換來這樣一頓「批評」，滿腹委屈之下，乾脆撒手不幹了，甚至連話都不想跟女孩說，家裡的氣氛一下子冷淡下來，這女孩看公婆都不愛搭理自己了，很鬱悶。

女孩這些話如果對養育了自己二十幾年的父母說，也許會被當做撒嬌，自然會按照女兒的口味調整菜餚的味道，可是這句話跟才住在一起幾天的婆婆說，人家聽著就有些不是滋味了。

她的爸爸知道這件事之後，給她婆婆說了一番話，立刻緩和了兩人之間的誤會，他是這樣說的：「親家母，我先替女兒跟你道歉。其實我女兒從小性格就直爽，說話比較直，妳也看得出來她其實沒壞心眼，就是說話有時候不經大腦，想什麼說什麼，她心裡越覺得跟妳熟，說話就大剌剌的，妳千萬別跟她計較啊！我女兒從小口味比較重，喜歡吃紅燒的菜，喜歡比較濃郁的醬汁，可是她卻不知道你們家這種清淡的做菜方式，其實比較健康，吃得清淡對於人體的心血管都是有好處的，對於我來說，我很支持你們家這種健康的做菜方式呢！這樣，有時間我們跟她好好聊一聊，親家母妳是明白事理的人，我女兒跟著你們不會受委屈的！」

自從女孩的爸爸跟她婆婆談過以後，女孩的婆婆反而破天荒地主動向她爸爸學了幾個拿手菜，這幾個菜都是女孩在家時愛吃的東西，她也把自己健康清淡的做菜方式跟女孩做了溝通，在以後的飯菜上經常紅燒、清淡相互搭配，女孩也體諒婆婆做菜的辛苦，婆媳兩人感情越來越好了。

一句話能成事，一句話也能壞事。奉勸很多直腸子「說話比較直」的人，適當換一種委婉的說話方式，讓別人更好地接受你說的話，那就比較容易成事了！

☆破譯身體語言密碼：

1、自信十足：抬頭挺胸，下巴抬得高高的；背負雙手，雙手掌心相對；翻動自己的衣領；坐著身體會向前傾斜。

2、願意接受：眼睛平視對方；微笑；打開手掌。

3、緊張不安：雙手絞在一起，用手撥弄身上的鑰匙等物品；坐立難安；不停地吸煙；揪耳朵，用手捂嘴，不停地吹口哨等。

4、安全感不足：用嘴咬筆或者自己的指甲；不停繞動自己的手指；用手揪自己的皮膚等。

5、十分配合：在你談話時，對方身體微微前傾，坐在椅子邊緣，身體放鬆，外衣扣解開，雙手打開放鬆或者手托著臉頰。

6、遭遇挫折：雙手握拳或絞扭雙手；撥弄自己的頭髮或者觸摸後頸；呼吸急促；喜歡用食指指點東西。

7、防衛心理：喜歡偷看、側視，說話時眼光看地；微笑時閉著嘴唇；摩拳擦掌，雙手緊握；手摸自己的鼻子或揉眼睛；說話時用手指對方；靠在牆上或樹上等。

在與人交往中，一方面要學會瞭解對方的真實意思，另一方面要做出好的舉止，給對方留下一個好的印象，這樣就會有利於交往的進一步發展。

6．與孩子這麼說

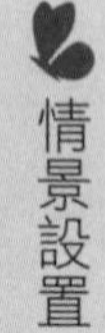
情景設置

A（兒子）、B（母親）——

A：我同學說我變胖啦！我是不是應該運用「熱脹冷縮」冷縮一下？

B：那你準備怎麼「冷縮」呢？

A：我決定先吃一大筒霜淇淋！

B：……

很多父母常常會抱怨自己的孩子不會說話、嘴笨；淘氣、調皮、愛搗蛋；不懂禮貌、打架；學習能力差、總是愛玩；丟三落四、粗心大意……俗話說：父母是孩子的第一任老師。身為父母的你們有沒有想過，很多時候自己對於這些後果的產生，負擔著多大比重的責任？**好父母決定孩子的一生**，所言非虛，不過，一切的教化都需按部就班來實施，比如，我們先從父母與孩子之間的說話之道開始……

Case A

Part 1：多對孩子說「好啊」

家長總是習慣用自己的思維方式對待孩子，總是望子成龍望女成鳳，很多家長對孩子懷有殷切的希望，早早地為孩子按上「鋼琴家」、「畫家」、「大書法家」、「舞蹈家」……等等頭銜，對孩子要求十分嚴格，在迫切的「望子成龍，望女成鳳」的想法之下，無論孩子做什麼都覺得他們做得不夠好。

七歲的洋洋每逢假日，都會被媽媽從被窩裡早早地叫起來，因為媽媽已經給他報了好幾門業餘的培訓課程，而週六日洋洋其實最想做的就是睡一個懶覺。不過，媽媽總是對他說「吃得苦中苦，方為人上人」，洋洋雖然不太明白這句話是什麼意思，但好像與自己的未來有著莫大的關係，所以無論多麼不高興也要按著媽媽的意思去做。

有一次假日，洋洋高興地對媽媽說：「媽媽，我想去公園玩，我想去坐海盜船！」

媽媽卻想都沒想就回絕了洋洋：「不行，洋洋不能偷懶，我們可以趁現在有時間，多背一些英文單字。」

洋洋一心想出去玩，卻聽不到媽媽一句「好啊」，心裡自然失望起來。接下來洋洋背單字的時候怎麼也提不起精神來，整整背了一上午也沒記住幾個，而且媽媽越催他，效果越不好，最後簡直演變成了跟媽媽的一場「戰爭」！

相比之下，十歲的雪兒卻幸運很多，因為她的媽媽十分懂得尊重自己的意願，經常面帶微笑地跟雪兒說「好啊」！雪兒一直覺得自己是一個幸福的小孩，因為她的很多同學都跟她一樣喜歡那個會說「好啊」的媽媽。

在學習方面，媽媽從來不過多的干涉雪兒。雪兒並沒有像同學那樣學習很多課外輔導，因為雪兒對媽媽說：「媽媽，我週末的時候只想跟小朋友們去玩，我不喜歡在週末也學習。我能不能只報一個鋼琴班，因為我不喜歡學英語也不喜歡學畫畫。」

媽媽說：「好啊！興趣是最好的老師，妳喜歡學鋼琴當然好了，媽媽一定支持你！在學完鋼琴之後，妳的時間就歸妳支配了！」

雪兒便成為小朋友中最輕鬆的一個，她週末的時候和小朋友一起去公園爬山，還帶了很多媽媽幫她準備的食物和大家野餐，很多小朋友都羨慕雪兒自由自在的生活。

從那以後，雪兒經常會帶小朋友回家寫作業，她的朋友都知道雪兒的媽媽是一個非常通情達理的媽媽，他們有什麼心事也都願意跟雪兒的媽媽說，雪兒的媽媽不但跟自己的女兒成為了好朋友，也獲得了雪兒朋友的愛戴。

瞭解自己的孩子，要保持對孩子足夠的耐心，要懂得對孩子說「好啊」！讓孩子看到家長發自內心的支持和贊成，讓孩子看到家長臉上和藹的笑容，孩子們才會真正地信任家長，和家長交心。

很多家長在工作一天下來，看到孩子提出的各種要求感覺很煩，有時候很輕易地隨口就拒絕孩子，「不行！」「不好！」「不對！」「你最好聽話！」「你怎麼這麼多要求啊？」……等等，都是一些家長的口頭禪。有些家長可能是漫不經心說出來，有些家長可能是因為覺得孩子做的不好一點，不給孩子留面子就直接說出來。他們不知道這樣的話會打擊孩子的自信心，一點點地把孩子的自主性、靈動性消磨掉。

孩子們在接受家長批評否定的同時，也會覺得自己所做的事情是不好的，想要做好的，就要完全按照爸爸媽媽的話去做，長此以往，他們那種發自內心的創造力和爆發力就會消磨殆盡，取而代之的是對大人的依賴性，他們變得不會獨立思考，一旦遇到什麼問題不會用自己的辦法去做，唯一想到的就是依靠父母。

多對孩子說「好啊」，其實是給孩子一種自我發展的機會，多說「好啊」，父母便給了孩子更大的發展、思考的空間，也多了很多傾聽孩子心聲的機會，這樣能讓做父母的更加理解孩子，也讓孩子深深地感受到自己被父母呵護和尊重，同時他們也會把自己放在和父母、成人平等的位置，會變得更加尊重父母和他人。

有些家長會說：如果我對孩子的任何要求都說「好啊」，任由他們的性子來，那他們豈不是要造反？比如他們不喜歡學鋼琴、學英語、甚至不喜歡學校的某一門功課，因此不想去學習，難道我也任由他們任意妄為？我經常反對孩子做這個做那個，是因為害怕我的孩子學壞，雖然我限制了他們的很多活動，可是我的目的是為了保護他們，為了讓他們在學習的道路中獲得進步。當今社會競爭那麼激烈，如果我的孩子不多學習一點東西，將來萬一在激烈的社會競爭中失敗怎麼辦？

家長這樣的考慮的確有必要，但是我們要知道這樣一個事實：孩子在成長的過程中需要經歷很多不同的事情，其中有成功有挫折，有一帆風順也有波折坎坷，而且孩子們會在成長的過程中，接觸各種不同的人、不同的環境，他們需要有自己的判斷力和自己的交往能力。自主意識較強的孩子，往往能夠在以後的社會競爭中更好地調整心態適應社會，也能更好地保護自己。父母對孩子多加鼓勵，讓孩子多一些自主思考，有獨立的自主意識其實也是對孩子的一種鍛鍊。這樣的孩子比那些溫室裡長大的花草，將來的適應能力和抗壓能力可好多了！

很多時候孩子的做法是錯誤的，父母看到了自然不會再說「好啊」，而是用嚴厲的語言批評孩子。可是我們想一下，我們一味的指責並不能讓孩子把做錯的事情再做回來，卻會讓孩子的自信心大受打擊，產生自卑心理，以後遇到同樣的事情他們還敢自己去做嗎？

有很多家長說，如果不對孩子進行懲罰，他們是記不住自己做錯事的！不過其實對於孩子做錯事，家長應該切忌過於嚴厲的批評。我們所要做的就是跟孩子談心，讓他們認識自己做錯了事、為什麼會做錯、遇到問題應該怎麼做。孩子們有孩子們自己的想法，我們點到為止，不要過多干涉追究。

這個時候，做家長的雖然不能直接說「好啊」，但我們可以盡量用平靜的語氣和孩子談一下。讓孩子認識自己的錯誤，同時也要多鼓勵多支持孩子，要多安慰一下他們，讓孩子自己總結對錯，自己尋找解決問題的方法，樹立堅強的信念和自信心。

多對孩子說「好啊」，才能擁有一個「好啊」好孩子！

Part 2：認同孩子的「煩躁」心緒

大人因為工作、生活的種種不便經常會有些煩躁的心緒產生，使自己食不下嚥、夜不能眠、坐立不安，總是想找什麼來發洩一下脾氣。**殊不知孩子也會有同樣的「煩躁」心緒**。

很多家長會說，小孩子能有什麼煩躁產生呢？他們不用負擔家庭的生活重任，不用擔心工作中產生的心理壓力，也不用煩惱柴米油鹽醬醋茶等等各種家庭瑣事。小孩子的生活應該是最快樂的，餓了父母給他們做好吃的，渴了父母給他們買各種營養的飲料，不愁吃穿，家長還會給一些零花錢用來買玩具、買零食。很多家長都會想，小孩子的「煩躁」情緒是哪兒來的呢？

小孩子的煩躁心緒在大人眼裡看來可能無足輕重，可是對小孩子來說卻是很重要的。有很多家長並不認同孩子的這種情緒，對孩子的「煩躁」毫不動容，甚至有時候被孩子鬧麻煩了，還會把他罵一頓讓他安靜下來。

作為家長，這種做法是十分危險的，對小孩子也是很不公平的，他們跟我們一樣，在煩躁的時候都需要別人的安慰和心理疏導，甚至需要一個方式來發洩心中的鬱悶之氣，才不會對孩子產生什麼不良影響。要做到這些，首先家長要認同孩子們也會存在「煩躁」心緒，更要認真對待。

Case B

小志是我朋友的鄰居家的小孩，今年剛剛十四歲，小志六歲的時候父母離婚，他一直跟著母親和外婆生活，雖然母親和外婆給予他很多的愛，可是在這個情感缺失的家庭，讓小志一直生活在沒有父愛的環境中，常常被同學嘲笑，心裡也產生了一些負面情緒。

小志的母親因為工作忙的關係，經常顧不得管教兒子，而他的外婆也因年老體弱無法幫助小志紓解心裡的鬱悶。有一段時間我的鄰居常常聽到小志的家裡傳來摔東西的聲音，作為關係不錯的鄰居，他敲開小志家的門後，卻發現小志把自己一個人反鎖在房間裡。小志當時正在大發雷霆，把房間裡能摔的東西統統摔在地上，還用剪刀把自己的床單、被子統統剪破。小志當時的表情非常嚇人，雙目怒睜，一雙佈滿了血絲的眼睛裡充滿憤怒，他緊緊咬著自己的嘴唇，以至於嘴唇幾乎被咬出血來。

小志拿著剪刀的雙手在微微顫抖，他那瘦小的身體也在發抖，頭髮凌亂地貼在自己的臉上，臉色一片鐵青。我的那位朋友連忙奪下小志的剪刀，憤怒的小志把我的朋友推開，然後轉身把自己的頭向牆上用力地撞。

我朋友連忙過去抱住那個憤怒的孩子，他那瘦小的肩膀在我朋友的懷裡顯得十分柔弱。我朋友也是一個有十幾歲孩子的父親，他對孩子一向十分細心，雖然他不知道小志為什麼會有這種激動的情緒，卻很清楚孩子此時心裡十分煩躁，以至於做出這些激烈的行為。現在一定要好好安慰他，幫他梳理情緒，放鬆精神，尋找到心裡煩躁的根源，才能幫助他。

我的朋友拍著懷裡的小志說：「孩子，叔叔知道你現在心情不好，有什麼不開心的事情千萬別傷害自己，可以告訴叔叔、告訴你媽媽，沒有什麼事是辦不到的，再難的事情只要我們想辦法，就一定可以度過難關。叔叔平時就覺得你是一個好孩子，叔叔也很理解你的處境。這樣，現在你跟叔叔去家裡坐坐，有什麼不想跟別人說的話可以跟叔叔聊一聊，叔叔給你做主。」

然後我的朋友把小志帶回家，泡了一壺茶遞在孩子手中，他發現那個孩子的手依然在顫抖，不過臉上的表情卻平靜了很多。於是我朋友趁熱打鐵道：「小志，我知道你媽每天都很忙，不能好好地跟你聊天說話。現在你有什麼不開心的可以跟叔叔聊，把叔叔當做你的好朋友，有什麼事情叔叔可以幫你跟你媽媽說，你相信叔叔，叔叔會盡力幫你的！」

小志怔怔地看了看我那位朋友，囁嚅半晌，終於哇地一聲哭了出來。我那位朋友連忙過去讓小志靠在自己的懷裡哭，一邊幫他遞紙巾一邊輕聲安慰：「哭吧哭吧，哭出來就好了。把心裡的不痛快都哭出來，小志還是好孩子！」

後來小志的母親趕回家把兒子領了回去，那位做母親的面對兒子的種種表現感覺不可思議。她從來沒想到過一個十來歲的小孩子還會因為心緒煩躁導致如此暴戾的行為。她一直認為，雖然孩子沒有父親，可是自己的生活條件還是很好的，因為疼愛孩子，雖然不能經常跟孩子交心，卻盡可能地給孩子更多的零花錢，只要他喜歡的衣服、玩具無論多貴都會買給他，在同齡人中，自己的孩子無論吃穿上都是很不錯的。她實在無法理解孩子為什麼會有這樣的煩躁情緒。換句話說，這位母親根本不認同一個生活富裕條件優越的孩子，應該有什麼煩躁的情緒。

幾天後，我那位鄰居給我打電話的時候突然哭了，原來孩子的母親之後並沒有怎麼安慰孩子，因為工作的關係，只是給了孩子錢讓他去買喜歡的東西來發洩，又趕著去上班了，沒想到孩子的情緒在後來幾天依然得不到緩解，昨天晚上因為一點小事跟母親大吵一架，沒想到第二天就自殺了。我的朋友非常痛心，如果當時他的母親能夠多一些耐心，認同一孩子產生的這種不良情緒，並及時疏導孩子的心理問題，那這樣的慘劇是不會發生的。

十幾歲的孩子正處在青春期，心理波動比較大，情緒變化也很快，做為家長千萬要在這個時候多多關注孩子的心理變化，既不要過多的干涉孩子的生活，也不要對孩子的情緒變化視若無睹。過多地干涉孩子的生活，會讓孩子對家長產生厭煩感，管得太多，他們心裡有什麼話也不會訴說。但是更不能對孩子的情緒、心理變化視若無睹，要即使把握他們的心理動態，無論是他們開心或者煩躁都要對他們產生的那些情緒注意，要適當地進行一些安慰和疏導，盡量找機會和他們聊一聊，確實需要家長幫助的事情，一定要盡量幫孩子去做。

值得家長注意的是，**不僅是十幾歲的青春期孩子**，**甚至幾歲的孩子也會產生煩躁情緒**。

孩子們雖然不為生活中的吃喝發愁，可是他們也有自己的玩伴、朋友，也許問題就產生在和朋友的關係上，或者學校的功課上，總之孩子們的煩躁情緒不是無根之草，只要產生，總能夠找到與之關聯的原因。有些更小的孩子甚至無法表達自己的煩躁情緒，他們會用啼哭來告訴家長：「我不舒服了，我太冷了、我太熱了、我口渴了、我的尿布濕了、我需要人陪伴、我想讓媽媽抱著」等等問題，只要我們做家長的肯用心觀察，肯花時間和我們的孩子溝通，我們的孩子一定能夠健康成長的！

認同孩子的「煩躁」心緒，認同孩子那些看起來似乎並沒有什麼的「不良」情緒，用溫暖的語言為他們建造一個溫馨的港灣，從此做一個稱職的好家長！

Part 3：在規定的範圍內答應孩子的請求

有些家長對給孩子的承諾毫不重視，有的家長無論孩子提出什麼請求，都毫不猶豫地答應下來，結果能不能做到卻很難說，一旦自己無法做到對孩子的承諾，又輕易地放棄之前答應的事情，讓孩子失望很久，**會逐漸對家長產生了不信任的感覺**。

有的家長對孩子的請求一概不同意，認為小孩子吃喝不愁，還總是要這要那是很過分的。一旦孩子想要什麼東西或者做什麼事情，家長就板著臉說：「不行！」時間一長，孩子不會再跟這樣的家長提什麼要求，因為他們心裡已經不再想著家長是他們的最大依靠了。

孩子們會提出很多要求，家長可以選擇能夠做到的，有選擇性地答應孩子的請求。一味地反對孩子，會讓孩子覺得家長過於嚴厲，不利於孩子的成長；而不管對錯，一味地答應孩子所有請求，認為自己有錢孩子怎樣都行！這樣會寵壞你的孩子，讓你的孩子變得驕橫奢侈，不懂得珍惜更不利於孩子的成長。

所以我們要有選擇地答應孩子的要求，給孩子做一個規定，在規定範圍內的事情是可以答應孩子的，在規定範圍之外的事情，是不能答應孩子的。而且，一旦答應了孩子的請求，我們就一定要遵守自己的承諾，千萬不要違背諾言，給孩子樹立一個壞榜樣。

想要做一個好家長，想要培養一個好的孩子，作為家長的我們首先要重視自己的承諾。那麼如何才能達到最好的親子關係呢？就需要我們在規定的範圍內去答應孩子的請求，超過範圍的請求要盡量跟孩子解釋清楚不能辦的原因，獲得孩子的理解；如果孩子的請求在我們的規定範圍之內，我們答應孩子的請求一定要及時地完成，讓自己在孩子的心中樹立一個重承諾、值得信賴的良好形象。這種良好的形象樹立起來之後，孩子們自然會跟家長的感情更進一步，孩子會跟我們更加貼心。

Case C

一個陽光明媚早晨，小花打算去市場上買一些東西，她梳洗打扮好了以後就要出門，誰知道兒子從後面趕過來，哭著鬧著想要跟媽媽一起去逛市場。因為孩子還小，市場人多，帶著他去十分不方便，小花不想帶兒子去。可是兒子哭鬧不停，小花沒辦法了，知道兒子喜歡吃肉，只好哄他說：「你乖乖在家等我回來，我買了東西之後就回來殺豬給你燉肉吃。」兒子因為太喜歡吃肉了，一聽媽媽說有肉可吃就安靜了下來，在家乖乖等著媽媽回來殺豬燉肉。

小花從市場趕回來時，看見丈夫在院子裡抓豬來殺，她急忙過去攔住丈夫道：「我說要給兒子殺豬燉肉是哄他的，是說著玩的，你怎麼真的殺豬了？家裡養的豬是為了給過年過節做菜預備的，你怎麼能拿哄孩子的話當真呢！」

小花的丈夫一本正經地說：「在小孩子的面前是不能說謊的。他們年紀還小，如果妳現在經常說謊話欺騙他們，他們自然會從妳、我的身上學得會欺騙別人，等他們長大了就會欺騙別人。妳經常哄騙他，答應他的事情不做到，妳就會在他的心裡變得沒有誠信，將來孩子也不會再相信妳了！」小花覺得丈夫說的對，於是放開丈夫，讓他去實現自己對兒子的承諾。

這是一個著名的故事，他告訴我們，答應孩子的事情就一定要做到，如果你答應不了，千萬不要哄騙孩子，因為你一旦開口答應，你在孩子的心中便會呈現一個不同的形象，如果你遵守承諾那你的形象就是良好的、光輝的，如果你不遵守承諾，你的形象將會變得暗淡下來。孩子們會在我們好或者不好的言傳身教下成長起來，所以遵守承諾的重要性就不言而喻了！

所以如果孩子對家長提出什麼請求，家長們一定要認真地考慮看看能不能答應孩子的請求。在規定的範圍內答應孩子的請求，不會讓自己太過為難；如果孩子要求的事情超過了我們的能力範圍，我們也千萬別因為太溺愛孩子而毫不顧忌地答應他們的請求，因為一旦不能實現諾言，我們將會做為一個失敗的案例呈現在孩子們的面前。

媛媛是我國中時候的好朋友，小時候我經常去她家裡玩，當時我們有很多同學一起玩，後來因為媛媛的經常說大話，很多小朋友都不喜歡跟她在一起玩了。

記得有一天早上我去找媛媛，看見媛媛的兩隻眼睛紅紅地坐在自己的小床上哭泣。我連忙問她怎麼了，她哭著告訴我，她媽媽答應給她買一雙運動鞋，結果卻沒買。她媽媽說，只要她考試考滿分，就給她買那雙幾百塊的鞋子。在我們求學的那個時候，幾百塊一雙的鞋子還是很貴的。我見過媛媛說的那雙鞋子，高檔漂亮，被鞋店的店員高高地擺在櫥窗裡，讓過往的人們唏噓那雙鞋的價格。我們都很喜歡那雙運動鞋，因為隔壁班的一個女生就穿著那樣一雙鞋子，每當她在操場上走過時，都會成為眾人矚目的焦點。

不過我沒想到媛媛竟對她媽媽提了這樣一個要求。媛媛家的經濟狀況並不是很好，這雙鞋對她們來說是一個不小的負擔。媛媛的功課一直不太好，沒想到她媽媽為了刺激女兒好好學習，竟然答應了她這個「高標準」的要求。更沒想到的是，媛媛為了得到這雙鞋子也下了很大苦心去學習，竟然真的拿了個一百分回來，可是她的媽媽卻出爾反爾，沒有履行自己的諾言。

媛媛傷心地哭了一個晚上，她覺得大人都是不值得信任的，如果家裡真的買不起，可以不答應自己的要求。但是既然答應了自己，還用那雙鞋子做學習進步的獎品，怎麼可以說話不算數呢？從那以後，媛媛再也無心於課業了，我每次鼓勵她好好學習的時候，她總是這樣說：「成績好有什麼用呢？我考了一百分我媽都不重視我一下，考那麼好給誰看？大人說話都不算話，我為什麼要聽他們的話用功讀書？」

從那以後媛媛不但上課心不在焉，甚至會找各種藉口蹺課出去玩。時間長了她認識了幾個外面的不良少年，經常和他們一起到處亂逛，把學習拋諸腦後。後來她被學校退學，隨便找了個工作，因為不好做，經常換工作。後來在我們考大學的時候，她就已經隨便找了個男人結婚生子了。

家長的承諾對孩子的影響是巨大的。孩子年齡雖然小，但是他們的人格卻是與大人平等的，他們同樣需要被尊重的權利。作為家長，我們要認真維護孩子們的權利，這就要求我們從自身做起。我們可以認真地為孩子規劃一個範圍，針對孩子需要的各種東西都做一個範圍的劃定，**明確地告訴孩子什麼是可以答應的**，**什麼是不能夠答應的**。這樣就給了孩子一個明確的目標，也能夠幫助他們規劃自己想要的東西，想做的事情。使他們明白自己的權利範圍有多大，如果需求超過了權利範圍，是一定不被家長允許的。而在自己的權利範圍之內，就可以明確地跟家長提出來，共同協商。

另外需要強調的一點是，即使孩子還小，我們也不能欺騙他們。作為家長一定要嚴格遵守自己的承諾，把對孩子的承諾當作對自己的承諾，說什麼就要做什麼。因為你的話對孩子來說，是指引孩子學好的一個標準，也就是俗話說的「以身作則」。

Part 4：給孩子說話的機會

每個養育孩子的父母都希望自己的孩子健康活潑開朗，也希望自己的孩子有一天會成為人中龍鳳，他們對孩子的未來充滿希望，在孩子成長的過程中往往會對孩子嚴格要求，當他們認為孩子不聽話或是故意搗亂時，更是不懂得耐心、關心和細心地站在孩子的立場上去明辨是非，由於急於糾正孩子的錯誤便會不分青紅皂白地進行批評。

給孩子說話的機會就等於是和孩子的心更加貼近，教導孩子的前提是瞭解他，瞭解他的前提則是尊重，還要想方設法給孩子說話的機會。

阿珠的兒子是小學五年級的孩子，在五年級下半期的時候，阿珠發現兒子越來越淘氣，不是把鄰居的窗戶打碎，就是把人家院子裡的花草拔掉。據老師反映，兒子在課堂上也總愛打擾別的同學。阿珠沒有馬上就嚴厲的批評兒子，而是先仔細觀察了兒子的一舉一動，她發現兒子似乎是因為一種焦躁情緒引起的，他總是打開課本看兩眼就放下，然後拿起鉛筆在課本上沒來由的亂畫，透過詢問老師才知道兒子的成績下降了不少。

「這是怎麼回事？以前他不這樣啊？」阿珠暗自困惑，她決定和孩子好好談談。剛開始，兒子一直沉默著，無論怎樣問話都是沉默著不回答，阿珠耐著心和兒子聊，當她說到是不是爸爸媽媽做的不夠好時，兒子的嘴巴動了動，看了媽媽一眼，還是沒吭聲。

阿珠的心裡有了數，於是繼續和兒子溝通，自己由於忙碌疏忽了兒子，是爸爸媽媽做的不夠好。這時兒子終於流著眼淚開口了，他說：「爸爸是不是不要我們了，為什麼這麼久還不回家？我的同學們都說父母要是有一個不在家超過三個月的，那他們就會離婚，妳要跟我說實話，你們是不是也打算離婚？」

阿珠一把摟過兒子笑著說：「兒子，哪裡有那麼嚴重啊，你爸是出差，走的時候不也和你說好了是一年嗎？這樣吧，我們打個電話給爸爸，問他什麼時候回家，要讓他知道我和兒子都想他了！」

原來，阿珠的老公由於工作的原因不得不去國外一年，這半年裡，阿珠忙著自己的工作，總覺得給兒子吃飽穿暖就行，卻不知道由於父親很久沒有在家，兒子的心裡起了這麼大的波動。

電話接通的那一刻，兒子聽到電話裡父親的聲音，聽著父親說永遠愛他、永遠也不和他們分開的承諾時，兒子笑了，是那種開心的笑。

當然孩子的學習成績也隨著心結的打開，恢復到了以前的水準。

每個孩子成長的過程中難免受到這樣或那樣情緒的影響，它們甚至會在心靈深處留下沈澱，並潛移默化地影響孩子們的行為，甚至左右他們的學習或是心理狀態。不過，當我們發現，並果斷地剔除這些潛伏於心理、干擾孩子們的真正原因之後，孩子所表現出的種種不好的現象便會逐漸隱退，甚至消失。

故事裡的阿珠如果沒有耐心的和兒子談話，引導孩子說出真正的心結所在，那麼她可能永遠不知道孩子在擔心什麼，在顧慮什麼。千萬不能讓孩子內心的不良情緒影響到孩子的成長，當明白了孩子心理的顧慮後，那麼怎樣做，怎麼教育和引導孩子，相信每個父母都是知道的。在瞭解孩子的內心的想法後，要採取積極有效的教育方法，不但顧及到了孩子的自尊心，而且同時也讓孩子知道了，你和他一樣也需要家庭的溫暖和愛。

其實我們的身邊總是會出現當帶著孩子做客或參加某個聚會時，父母處處剝奪孩子說話的權利的情況。有個美國太太接待中國朋友和他們的孩子，讓她覺得最不可思議的是，當她問她的小客人要什麼飲品時，那些中國父母總是替孩子做決定：可樂喝多了睡不好，奶油吃多了會發胖。

那個美國太太只好說：「我是問孩子們想喝甚麼，不是問你們，為什麼不讓孩子說話，而由你們來為孩子做決定呢？」

在做客場合剝奪孩子的說話權的父母，大多是想把孩子最佳表現呈現給大家看，卻忽略了孩子也是有獨立思考能力的個體。

還有一種現象，那就是當父母為了生活忙碌時，忘記了和孩子的溝通，沒有及時地給孩子說話的機會，去理解孩子內心的世界，也會給孩子的成長出現不好的負面影響。

Case B

曉梅接到女兒學校打來的電話後震驚不已，她不明白，為什麼向來乖巧的女兒，竟然會吸食大麻。女兒十歲才來到美國和自己生活在一起，在美國短短三年的時間就變成了這樣，自己辛辛苦苦的賺錢，不就是為了讓她生活的更好些嗎？

女兒放學後怯怯地走到曉梅身邊，剛開口叫聲媽媽，曉梅就劈頭蓋臉地教訓女兒：「妳應該知道毒品害人，為什麼去沾染那些東西？是好奇還是跟別人學的？怎麼就不學好呢？要知道妳不努力學習，將來怎麼會有前途？我每天辛苦忙碌還不是都為了妳？妳對得起我嗎？」

女兒剛要辯解，曉梅立刻打斷她：「我和妳父親離婚時就發誓，我一個人也能把妳培養成人才，可是妳太讓我失望了，妳為什麼就不能理解下媽媽的苦心？」

曉梅的女兒看了看正在發脾氣的媽媽，眼裡含著眼淚默默地回到自己的房間，關上了房門。慢慢地孩子不再主動和曉梅說話了，回到家就關上房門掏出課本來看。曉梅依然忙碌著，她並沒發現孩子的變化，她甚至覺得這才是乖女孩的最佳表現。

半年後，曉梅瘋了一樣到處尋找女兒，原來她的女兒離家出走了。此時她才知道，女兒根本沒有吸食過大麻，那次是她走到吸食大麻的同學身邊時，老師剛好檢查，於是那個同學迅速的把大麻塞進她的手裡，老師誤認為是她在吸食，曉梅這才懊悔起來，當初沒給女兒說話的機會。可是，現在一切都晚了。

其實，這個社會上大多數的人都在為了生活奔波著，其中的酸甜苦辣，每個人也都體會過，但是如果讓一個成長中的孩子去深切地感受這些、清楚這些是不可能的，我們也經歷過成長，教育孩子時，不妨想想自己成長的過程和經歷。借鑒一下自己那時的困惑和迷茫，這樣也許更能體會孩子的心情。

在陪孩子長大的過程中，不管遇到什麼樣的問題，也要多想一想為什麼，千萬別就此事急於做出結論，一定要給孩子一個說話的機會，認真去傾聽孩子的聲音。特別是對待那些淘氣的孩子，更不能讓自己憑藉以往的經驗去下結論，這樣也許會傷害到孩子的自尊心。

要允許孩子犯錯，教導孩子在錯誤中真正吸取教訓，對於犯了錯誤的孩子，允許他們為自己的行為反駁，這樣我們才能及時瞭解到他們的想法，針對孩子的想法快速做出應對措施，而及時的去教導。這樣才能讓孩子們健康陽光地成長。

Part 5：蹲下來，專心與孩子說話

每個孩子的成長經歷不同，也就造成了他們的性格不同，但不管有著什麼樣的性格的孩子，他們的內心都是渴望被認可被尊重。有的家長因為忙於自己的工作，想盡各種辦法賺錢來給孩子提供最好的物質生活，因而忽視了孩子的精神世界，孩子就會因此不可避免的和你產生隔閡，也就是我們常說的「代溝」，產生「代溝」容易，而要化解這種「代溝」的難度是想而可知的。要知道，物質和精神是並存的，只有精神和物質相等平衡了，那麼孩子才會感到真正的幸福和快樂。

都說父母是孩子成長過程的第一任老師，父母和孩子以怎樣的方式方法溝通，對孩子來說很重要，父母如果能用正確的方式方法去引導孩子，給孩子的心身發育提供最有益的教育，讓孩子在這種教育過程快樂的成長，這是每對父母給予孩子的最寶貴的財富。反之，

不說會毀了孩子一生，也會讓孩子偏離正確的人生軌道。我們都知道，每個孩子都會在不同的年齡階段，有著不同的身心發育特點，而我們的家庭教育就必須根據孩子心身發育特點來進行，千萬別給孩子增加不必要的心理負擔，否則甚至會影響到孩子一生。

要給孩子說話的機會，因為每個孩子也都有自己的思維方式，並能根據自己的思維方式去認知整個世界，不要認為小孩子什麼都不懂，而把他們的思維或行事看成玩笑，也不要站在一個成人的高度去要求孩子，愛孩子就要尊重孩子，如果孩子做錯事情，或他們表現出想和你聊天的欲望，那麼請蹲下來，專心和孩子說說知心話吧！

Case A

米米和小安是關係非常要好的朋友，在同一個學校同一個班級上學。她們都是十三歲，不同的是小安性格開朗活潑，米米沉默內向。但有一點共同處，那就是她們的學習成績同樣優秀。

週一那天剛進教室，小安就興沖沖的對米米說，這個週末爸爸媽媽要給她舉辦一個生日宴會，到時一定要米米參加，米米微笑著答應了。

米米放學回到家就和母親說能否給一些錢，她要給小安送個生日禮物，母親皺著眉頭對米米說：「就知道要錢，現在賺錢多難啊，飯都吃不上了，小孩子送什麼生日禮物？要送等妳自己賺錢了，願意送什麼就送什麼，我沒有錢給妳！」

米米看了母親一眼，含著眼淚小聲說：「媽媽，妳怎麼就不理解我呢？你什麼時候肯坐下來和我說會話呢？別人的媽媽不是妳這樣的，她們都愛自己的孩子，妳看小安的媽媽不是要給她舉辦生日宴會嗎？我不要宴會，我只要妳能陪我聊聊天。」

媽媽一聽這話就急了，大聲責罵米米：「別人的媽媽過的是什麼日子，妳看看我的生活，我每天辛苦賺錢，不都是為了妳？當初就不該把妳生下來，讓你和我一樣過窮日子！」米米沒再說話，她只是看了媽媽一眼就走進了自己的房間。

在小安的生日宴會上，只有米米是空著兩手，她沒給小安任何禮物，可是沒有人注意到她的尷尬。

倒是小安看到她就開心的不得了，切蛋糕時還拉著米米一起來。米米那天也表現得非常高興。誰也沒想到的是參加完小安的生日宴會後，米米就割腕自殺了，萬幸的是媽媽發現的及時，才沒釀成悲劇。

小安難過極了，她和媽媽來看望米米，並一再要米米保證以後不幹傻事，這才破涕為笑。小安的母親讓小安陪著米米，然後拉著米米的媽媽來到客廳聊天，詢問米米究竟為什麼會這麼做。

原來米米雖然十三歲了，可由於家裡的經濟條件有限，又是來自單親家庭，媽媽每天為了生計忙碌，但也只能維持生活基本的開支，哪裡還有精力去照顧米米的內心呢？

小安的媽媽詢問了這幾天發生的事情，她說：「要多注意孩子內心的變化，和孩子溝通時一定要站在孩子的角度去考慮問題，對青春發育期的孩子來說，她們是敏感和脆弱的，稍有不慎會讓他們覺得對家長來說自己不重要了，以為妳不愛她。妳要讓孩子知道，妳是愛她的，這需要靠平時的溝通和關愛來體現，孩子的心靈更需要父母來呵護啊！」

米米的媽媽哭了，她終於知道她和米米之間真的是缺乏溝通，沒有認真對待正在發育和成長的孩子的內心世界。

處在青春發育期的孩子，身體和身心同樣在發育，好比一個幼苗，不及時的給予糾正和關愛就難以長成參天大樹。

很多人會有這樣的困惑，孩子越大怎麼會越來越不聽話、越來越叛逆了呢？如果已經開始意識到這種情況，那麼做父母的一定要反思自己的言行，改變一些自己原有的想法。孩子有個性有主見是好事，只有知道孩子想什麼、關注什麼和需要什麼，才能更好地給予孩子關愛和幫助。十幾歲的孩子是身心發育的關鍵，也是道德品質與世界觀逐步形成的時期，這段時間，如果沒得到正確的指導，就好比一棵長歪的被廢棄的樹苗，哪裡還談得上有美好的未來呢？

☆這樣和孩子說話：

1、傾聽是溝通的前提。

只有站在孩子的角度去傾聽孩子的心裡話，才能有針對性的給予孩子指導和幫助。如果和孩子的溝通過於急躁，一切關愛都會成為泡影。只有站在孩子的立場上去思考問題，才能做孩子的朋友，才能和孩子做到真正意義上的溝通，從而消除「代溝」！

2、和諧的溝通氛圍很重要。

要盡量多陪孩子去做他們感興趣的事，觀察孩子對事物的反應，然後傾聽孩子的見解，這時的交流是輕鬆愉快的。千萬別讓孩子站到你的面前聽你的說教，這會引起孩子的反感，反而拉長和孩子的心理距離。

3、尊重孩子，別在他人面前提及孩子的隱私。

很多父母當著孩子的面在談論自己的孩子時，往往會把孩子的缺點暴露出來，殊不知，這會傷了孩子的自尊心。

4、要讓孩子說出自己的見解。

當孩子和你辯解時，不能一味的讓他聽話，也要給他為自己說話的機會，不管他的話對與錯，千萬要讓他把話說完了。

5、給孩子參與家庭事務的機會。

讓孩子懂得他也是家裡很重要的一個成員，這樣會慢慢培養孩子對家庭的責任心。

6、讚美孩子比批評孩子更有成效。

俗話說：「好孩子是誇讚出來的！」孩子得到的讚美多了，會樹立起他的信心，反之，批評多了會影響孩子的自信。但是讚美也要適度，因為將來孩子一旦走向社會，各種聲音都會有，千萬不能讓孩子聽不得來自他人批評的話，面對他人的批評，要幫孩子去認真分析，給予指導性和肯定性的總結。

7．一句人人喜歡的話

情景設置

A、B——

A：嘿，我覺得您太有智慧了！我太崇拜您了！

B：您的寬容也讓我敬佩，我其實也很崇拜您！

一個會講話的人總是事半功倍，無論在任何場合，只要他一開口，說出來的話總是讓聽的人高興、舒心。自古至今，大凡有些成就的人都會講究語言表達的修養，如古羅馬共和國末期的政治家西塞羅，還有歷史上我們熟知的蜀國名相諸葛亮，以及近代美國總統林肯等等，他們都是能言善辯的人，毫不誇張地說，一個會說話的人，可以在做任何事的時候，更快速的達到自己的目的。

我們所處的環境是一個大群體，無論生活裡還是工作中，都避免不了與別人打交道，一句別人喜歡聽的話，是決定你好人緣的基礎，那麼怎樣才能說出一句人人都喜歡的話呢？這裡總結了幾條談話技巧。

1、**和別人交談的時候要專心，保持微笑，目光柔和且堅定地看著別人的眼睛**。

可能我們看陌生人的眼睛時會感覺有些尷尬，那我們可以把目光盯住他的鼻子或者嘴巴。任何時候都不要顯露出一副心不在焉的樣子，尤其忌諱，不等別人把話說完就急急忙忙地打斷別人說話，或者因為趕時間而不停地看錶。這樣會讓別人覺得自己不受重視，被人輕視，這種感覺非常不好，如果對方是脾氣不好的人，說不定會因為這樣的情況而大發雷霆。

2、**和他人談話的時候可以適當地用幽默的語言來調節一下談話的氛圍**。

這種情況尤其適用於和不熟悉的人甚至陌生人談話，因為彼此的不熟悉，有時候會遭遇冷場，兩個人尷尬地坐在那裡，越不說話就越找不到話題。這時候可以用幽默的語言或者一個笑話來打開氛圍，讓談話更好地進行下去。

3、**和他人談話，別太在意自己出現的口誤**。

無論眼前的這個人有多重要，你有多麼緊張，一旦說錯話就讓錯誤過去吧，千萬不要矯正過度，糾結於某個字眼或者某句不太貼切的話上，翻來覆去找機會想要解釋什麼，這樣只能讓別人覺得你很緊張。談話的時候出現口誤，一般來說是可以理解的，無論是在面試、工作彙報等等事物上，我們千萬不要因為糾結於一個字或者一句話而影響了大局。

4、**遇到阻礙可以發牢騷，但請找對的傾聽者**。

有些事情我們並不專業，遇到困難也無法解決，雖然心情會變得鬱悶，但最好能夠找到一個懂得如何做的人，來給我們「講講課」，我們不妨做個認真的傾聽者，聽聽別人的經驗、意見或建議，也許我們很快就能走出困境。

5、**在向別人傳達某件很急切的事情時，一定要抓住事情的核心關鍵來說**。

我們可以強調所傳達的中心問題，但別過多提及問題周邊的什麼事情，那樣會讓人容易弄混你想表達的意思。

6、**不該自己說話的場合，千萬別信口開河、滔滔不絕**。

我們在工作、生活中總會遇到一些重要的或者特殊的場合，也許我們在這種場合上並不適合出現，或者並不適合說話，這時候最重要的就是讓自己沉穩下來，閉緊嘴巴認真傾聽，不該說的不說，不該問的不問，不該打聽的不要胡亂去打聽。

除此之外，我們也要注意一個非常重要的問題，那就是在什麼場合說什麼話，學會察言觀色，懂得看別人的心情、心理，有選擇有限制有技巧地去說話，把握場合的特點，讓自己在各種場合都遊刃有餘、八面玲瓏。如果，我們具備了上面所說的幾點，那麼，我們就可以把自己的談話狀態掌握到最好。

Case A

有個男生在學校的時候喜歡同班的女同學，卻苦於無法找到和女同學說話的機會，有時候好不容易等到和女同學單獨相處的機會時，他卻發現自己根本不知道如何開口。他十分想跟這位女同學說一些讓人開心的話，以便吸引她的注意，可是什麼話才能引起這位女同學的興趣呢？

正在著急的時候，他看到女同學不斷地拿出自己的手機來玩，而她的手機十分有特色，非常女性化，跟平時使用的不分男女的手機不同。而且她的手機是嶄新的，上面還包著透明膜，掛著可愛的飾品，看得出她很珍惜自己的手機。

於是男同學靈機一動，用手機相關的話題跟女同學開始說話。他首先非常誠懇地表示這款女性化手機非常漂亮，只是自己不知道什麼牌子的手機會這麼漂亮。然後他又借著手機和對方聊起了手機的很多功能，當聊到使用手機閱讀小說的時候，女同學明顯提高了興趣，兩人的話題也多了起來，這位男同學利用他人喜歡的話題終於成功地打開了溝通之門。

很多朋友都覺得「察言觀色」並不容易，從別人的臉上看出他們的心情可不是一件容易的事情，有很多人往往還會看錯別人的表情，甚至會錯意，鬧出了很多笑話。

其實「察言觀色」很簡單，我們不僅僅要看別人的臉色，更要看別人無意中展現出來的肢體語言。從他人的眉頭、臉色、表情可以看出這個人的狀態，如果此人眉頭緊鎖，臉色略帶蒼白，有時候還會把手放在肚子上，表現出不舒服的表情，那這個人可能是腹部不舒服。如果他是我們的客人，我們可以先熱情地讓他坐下，然後倒一杯熱茶給他，關心地問候幾句，也許一杯熱茶和幾句關懷之後，你和他的話題就此打開。

如果一個人面帶笑容，臉上泛起紅光，眼睛裡透出開心興奮的表情，不時地做一些小動作，那你可以仔細觀察一下這個人是否在穿著上格外漂亮，或者妝容格外年輕美麗，也許她遇到了一些讓人開心的事情，那麼我們不妨先客氣地恭維她幾句好聽的話，讓她在好心情上轉變，這時候你就等於打開了她的心扉，和她聊天自然會更加順暢。

說一句人人喜歡的話一點兒也不難，難的是「願意說」的心和「能夠說」的聰明。

☆忠言不逆耳的方法

1、選擇場合。

給人提出忠告也需要場合，最好是二人私下裡的時候進行。如果在公眾場合則很容易觸及對方的自尊心，遭到對方的反彈。

2、忌用對比的方式。

在勸諫別人的時候，不能拿別人的例子與之對比，這樣很容易以別人的長處和被勸諫人的短處相比，引起對方的不滿。

3、選擇契機。

對別人進行勸諫也應該講究時機，不能不顧別人臉色、情緒而單刀直入，這樣會使事情變得越發糟糕。當別人情緒激動時，不宜直接提出忠告，而應從對方感受出發，安慰對方，待對方情緒平復後，找好契機進入話題。比如，當對方犯錯誤失利時，這個時候如果你直接說，你不應該怎樣怎樣，對方就會立即心生反感。這個時候，如果你說，我非常理解你，你也很努力了……如果談話以這種方式開始就會好很多。

國家圖書館出版品預行編目資料

學會說話：說話的智慧從這本書開始，多說好話、好好說話、學會說話／唐牧心著.

－－第一版－－臺北市：老樹創意出版中心出版；紅螞蟻圖書發行，2018.06

面　；　公分－－(New Century；66)

ISBN 978-986-6297-90-8（平裝）

1.說話藝術 2.口才

192.32　　107007942

New Century 66

學會說話

說話的智慧從這本書開始，多說好話、好好說話、學會說話

作　　者／唐牧心
發 行 人／賴秀珍
總 編 輯／何南輝
校　　對／朱美琪
封面設計／鄭年亨
美術構成／上承文化
出　　版／老樹創意出版中心
發　　行／紅螞蟻圖書有限公司
地　　址／台北市內湖區舊宗路二段121巷19號（紅螞蟻資訊大樓）
網　　站／www.e-redant.com
郵撥帳號／1604621-1　紅螞蟻圖書有限公司
電　　話／(02)2795-3656（代表號）
傳　　真／(02)2795-4100
法律顧問／許晏賓律師
印 刷 廠／卡樂彩色製版印刷有限公司
出版日期／2018年 6 月　第一版第一刷
　　　　　2024年 9 月　　　　第二刷

定價 280 元　港幣 93 元

ISBN 978-986-6297-90-8　　Printed in Taiwan